教職ライブラリ

教育原理

編著

佐藤　環・菱田隆昭

共著

大多和雅絵・小川哲哉・金塚　基
栗栖　淳・新田　司・山﨑真之

建帛社
KENPAKUSHA

まえがき

　本書は，教職課程の「教育の基礎的理解に関する科目」における「教育の理念並びに教育に関する歴史及び思想」に対応するテキストとして編集した。

　学校教員の養成課程において「教育原理」がなぜ必要なのかという声をしばしば耳にする。初等中等教育は児童生徒の学びや生活を総合的かつ実践的に行うものであり，教育の基礎理論を扱う教育原理は，必ずしも教育の営みに直接かかわる性格のものではない，といった疑問が呈されて久しい。だが，学校という実践現場でこそ，基礎理論がどれだけの意味を持つのかを問い続けていく必要がある。きちんとした理論のないところにきちんとした実践は根付かない，つまり理論は実践の基底であり，実践は理論によって検証すべきものだからである。その意味において，教育原理，すなわち教育に関する基礎理論こそ日々行われる教育実践の意味を検証し，意義付ける役割を担っているのである。

　書名となっている「教育原理」は，1949（昭和24）年制定の教育職員免許法および同法施行規則により，教職専門科目の1つとして位置付けられ，「教育原理（教育課程，教育方法及び指導を含む）」と記載された。その後約40年の時を経て，1989（平成元）年施行の教育職員免許法の改正により「教育原理」の科目名は姿を消し，教育の基礎的理解に関しては「教育の本質及び目標に関する科目」および「教育に係る社会的，制度的又は経営的な事項に関する科目」に分けられた。このうち，前者の科目を「教育原理」の名称で開講する養成校が多く，事実上「教育原理」は「教育の本質及び目標に関する科目」に位置付けられた。教育職員免許法のさらなる改正により，1998（平成10）年には「教育の本質及び目標に関する科目」から「教育の基礎理論に関する科目」へと改められ，そして2019（平成31）年4月には「教育の基礎的理解に関する科目」と現在の名称に変わり，その範疇に「教育の理念並びに教育に関する歴史及び思想」が位置付けられた。本書では，この理念・歴史・思想に軸を置き，教職課程のコアカリキュラムを十分に網羅しつつも，「教育原理」が誕生した当初からの経緯を踏まえた内容構成とし，それらが今日的な教育の実態や教育課題につながるような形でバランスのとれたものとなるよう心掛けた。

　時代に対応して，日本の文教政策は変化し続けている。例えば2021（令和3）年の中央教育審議会答申を受けて，明治時代から続く「日本型学校教育」のよさをさらに発展させ，今日的課題である「学校の働き方改革」やGIGAスクール構想を進め，「個別最適な学び」，「協働的な学び」を実現しようとする「令和の日本型学校教育」

も，その文脈として捉えてほしい。

　本書に収められた諸論考は，教育学を学ぶ上で必要かつ不可欠な分野を包含しており，教育の本質を描き出している。読者への願いであるが，各論考の視座から教育の本質をつかみ取っていただくとともに，教育の本質を把握しようとする姿勢が，学校現場での教育実践の全体を理解することにつながると期待したい。

　最後に，本書の刊行にあたり，その趣旨・目的に賛同して執筆を引き受けてくださった執筆者の皆様，本書の企画・編集を進めていくにあたり，その作業を常に温かい配慮と寛容をもって全面的に協力してくださった建帛社編集部の方々に深甚の謝意を表したい。

2024年3月

編著者　佐藤　環

目　　次

第10章　教員養成の歴史と現在　　109

第11章　現代社会の教育課題　　121

第12章　生涯教育から生涯学習へ　133

第1章 教育の概念

　皆さんは，これまで家庭・学校・社会で様々な教育を受け，たくさんのことを学んできただろう。また，学校生活ではもちろんのこと，友人や家族との会話，テレビや新聞，ネットニュースには，毎日のように教育の話題があがっているだろう。しかし，改めて「教育とは何か」と問われると，あって当たり前の存在ゆえに，答えに困るかもしれない。本章では，教育を実践する者になるため，教育を学ぶ意味や教育に対する見方・構えを転換すること，教育についての基本的事項を理解し，家庭教育・学校教育・社会教育についてみていきたい。

1　教育を学ぶ

　皆さんは，「教育」という言葉からどのようなことを思い浮かべるだろうか。「厳しい」「堅い」「真面目」といった抽象的なイメージ，あるいは授業や給食を食べている教室での風景など学校に関する具体的なイメージを抱く人も多いであろう。練習に明け暮れた部活動の部室の匂いや幼い頃から親に言われ続けた小言など，それぞれの思い出とともに百人百様の答えが返ってくるだろう。しかし，そこに共通するのは，自身の受けた教育体験に他ならないのではないだろうか。皆さんは，これまでの人生において多くの教育を受けているが，自身の体験からのみ，「教育は〜である」あるいは「教育は〜であるべきだ」と思い込んではいないだろうか。

　2023（令和5）年度，小学校は国公私立あわせて全国に18,979校，中学校は同様に9,944校存在している[*1]。ビルに囲まれ全天候型舗装を施した校庭がある学校，田園風景が広がり木造校舎が残る学校がある。学校を選択して通学できる公立小・中学校や，学区が広範囲にわたりバス通学を余儀なくされる山間部の小・中学校がある。教育環境の違いはもちろんのこと，教育内容に至って

[*1]　文部科学省の2023（令和5）年度学校基本調査では，国公私立あわせて全国に，義務教育学校は207校，高等学校は4,791校，中等教育学校は57校，特別支援学校は1,178校となっている。

は学校によって千差万別である。皆さんが経験した小学校，中学校はたくさんある中の１校あるいは数校なのである。

　また，あって当たり前のように思う小・中学校であるが，世界に目を向けると必ずしもそうではない。「世界には68億人の人がいますがそれを100人に縮めると」で始まる『世界がもし100人の村だったら』をご存じの方も多いだろう。同書には，100人のうち「子どもは28人です。そのうち４人は働いています。12人は小学校に行っていません」と記されている[1]。世界中で毎年人口が増加しており，2023（令和５）年には80億人を突破していることを考えれば[2]，今日その数値に変動はあるが，世界中には学齢期になっても初等教育を享受できない児童が多数存在することに変わりはないのである。

　教育においては，当たり前と思っていたことや当たり前すぎて気にも留めないことが実に多いのである。専門的に教育を学ばなくても，誰もが自らの体験から教育を論ずることができてしまう。そこに教育を考える難しさがあるとともに，客観的根拠をもって，専門的に教育を学ぶ意義があるのである。

＊２　国連人口基金（UNFPA）の「世界人口白書2023」によると，2023年の世界人口は80億4,500万人である。

2　教育を実践する者への転換

　皆さんは，教員免許状を取得する，あるいは教育を専門領域とした大学等で学んでいると思う。教育学を学ぶ際，頭をまっさらにして素直な目で目の前の教育をみてほしい。一方で，当たり前と思っていたことを本当にそうなのかと疑ってほしいのである。両者は，一見矛盾しているようであるが，先入観や固定観念をもって教育に当たるのではないことを意味している。つまり，自身の経験に縛られず，広い視野と柔軟性をもった教育への見方が必要なのである。

　また，皆さんにとっての教育経験とは，その多くの場合，教育を受けている立場で経験した教育のことではないだろうか。前節で「教育」から学校での教育をイメージした方は，どの位置から教室や学校をみているのであろうか。将来，皆さんの多くは「先生」と呼ばれる教職に就こうとしているのだろう。教育を一方からの視点で捉え，考えるのではなく，様々な角度からみることを求めたい。今までとは180度異なる立場，例えば教員であったり，自身とは得意・不得意が異なる友人であったり，あるいは保護者や地域の人々の立場から教育をみて，考えることが必要となる。

　そのためには，日頃から教育を実践する者の目をもって，身近な教育事象，教室や授業，登下校の児童生徒の様子などをみてほしい。そして，できることから行動に移してほしい。わかりやすい授業を展開する教員の授業であれば，なぜわかりやすいのかを観察し，その教員の授業法や魅力を分析して，真似を

してみよう。街を歩きながら季節の変化を感じたり，店内の装飾が素敵なお店を見つけたりしたら，朝の学級活動の題材や教室の環境設定に活用できないかと考えてほしい。つまり，教員養成教育を受ける中で教育を学ぶとは，単に教育を知識としてのみ理解するのではなく，教育を実践する者になるため，教育に対する見方や態度を改めて検討してくことなのである。

3　教育の語義

　教育とは何であろうか。最初に教育の語義から考えてみよう。

　漢字で教育を文字通り解釈すると「教え育てる」ことになる。「教」の漢字をみると，偏は人々の交わりの中で，人の子どもが模倣をしている様子を表し，旁は小さな棒を手にもって軽くたたく様子を表している。「育」の漢字をみると，上部の「云」は人の「子」が逆さまになっている姿を表し，下部の「月」は身体の部分・状態に関係し肉を簡略化した「にくづき」である[2]。

　「教」は，大人が子どもに対し強制力をもって大人の文化を模倣させ，内面化（構造化）させる営みである。「育」は，子どもが潜在的にもつ発達可能な能力を助長させることを意味している。教育という漢字の語義は，外部からの文化の注入と内からの発達の助長という二方向の作用を含む概念なのである。

　漢字を含む大陸文化が伝来する以前の日本で話されていた言語である大和言葉をみてみる。「おしえる」は，行動や身の処し方などについて注意を与えて導く言葉であり，親が子どもに食物の取り方を教える習性が教訓の意味に転じたといわれる。一方，「そだてる」は，生物が一人前になるまでの過程をうまく進むように助け導くことや成長させる言葉である。語源的には，鳥のひなが成長し巣離れしていく「すだつ（巣立）」より転じたといわれている[3]。漢字が伝来する以前の日本においても，「教」と「育」に相当する話し言葉が表す行為によって，次世代を育成していたのである。

　漢字の「育」と大和言葉の「そだてる」は，親が子どもを産み養育するという意味で先に存在し，次いで「教」と「おしえる」にあたる大人が教え，子どもがこれをならう知識と技術の授受が行われる。

　英語の場合，教育に当たる単語は，educationである。educationは，「引き出す」や「植物の世話をする」といったラテン語のeducatioを語源として，子どもがもっている潜在的な諸能力を引き出し開花させる営みを表している。一方，instructionは，指示命令の意味もあるが，人材育成において講師が受講者に対し教え指導する意味をもつ[4]。in（内面）とstructure（構造）の合成語であり，何らかの構造を子ども（受講者）に内面化させることを意味している。

　ダンスレッスンやスイミングスクールの指導者をインストラクターというように，instructionはスポーツ分野で使われることが多い。スポーツでは，特定の型（構造）を獲得することが，その後の上達への土台となるからである。このように英語でも，教育には子どもの潜在的な諸能力を助長する営みと，外部からの文化を注入し子どもの内側に内面化させる行為の両面を表す単語がある。

4　実質陶冶と形式陶冶

　教育の意義やあり方を理解するために，形式陶冶と実質陶冶をみていこう。子どものもって生まれた潜在的な諸能力は，教育や学習を含む文化的な環境の中で様々な刺激を受け，次第に顕在化してくる。このように形のない可能性を具体的な人間の諸能力に形づくっていくことを陶冶といい，その可能性を陶冶性という。陶芸家が粘土をこねて様々な器を作り，鍛冶職人が溶かした鉄を打って刀や生活用具を作る過程は，豊かな陶冶性をもつ人間に働きかけ，望ましい人間形成を助長させる営みに似ているのである。

　近代の学校において，教員が生徒に道徳的性格を形成する作用を「訓育」といい，言語，歴史，数学等の文化的内容を媒介とした学習を通して，知識・技術や認識の向上を図る作用を「教授」といった。「教授」は，知識・技術の習得を主とする内容的側面と，知識に働きかける能力の育成を主とする形式的側面に区別され，前者を実質陶冶，後者を形式陶冶という概念で表わしている。

　実質陶冶は，知識や技術などの実生活に必要な具体的な資質を身に付けることであり，教員は，蓄積されてきた価値ある文化遺産を正しく伝え，子どもはそれらを受け入れ，社会生活の規範を守ることが求められる。今日の学校では理科・社会・国語（言語の習得）・技術・家庭等の教科を通して習得することになる。形式陶冶は，人間が内面にもっている記憶力や推理力，判断力，想像力等を培うことを意味し，教員は自由な学習活動と集団生活における自立を尊重することになる。今日の学校では数学・国語（文章の論理的把握，詩歌の理解）・音楽・美術等を通して養われていく。

　実質陶冶と形式陶冶の考え方は，文化的内容が比較的単純で固定的に把握された時代には，内容そのものを習得することが優先され，16〜17世紀頃までは主流をなしていた。しかし，文化内容が複雑化する18世紀末から19世紀には浅く広い知識の伝授よりも人間の精神的諸能力の形成を重視するようになり，形式陶冶の考え方が台頭してきた。形式陶冶の考え方に立ったのはロック（Locke, J.：1632-1704）であり，ルソー（Rousseau, J.J.：1712-1778）やペスタロッチ（Pestalozzi, J.H.：1746-1827）の教育思想へ受け継がれ，近代教育理論の中で

展開されていくことになった[5]（ロックらの教育思想については第5章を参照）。

　実質陶冶は社会的視点から教育をみる見方に通じ，形式陶冶は個人的視点から教育をみる見方に通じているため，しばしば両者は対立的に捉えられることがある。しかし，本質的には決して矛盾するものではない。人類は，多くの文化遺産を次世代へ伝えることで文化的にも社会的にも発展を遂げてきた。そこには，同様のことを伝えるだけではなく，子どもたちが文化を学びながら，工夫や想像をめぐらし，自らの力を伸ばそうとする過程を通じて発展してきたからである。また，子どもが内なる力を伸ばせるのも，多くの文化にふれてこそ可能となるのであって，豊かな人間性も多くの人たちとの関わりから啓発されてこそ開花させることができるのである。

5　多様な場の教育

（1）家庭教育

1）法律に明記された家庭教育

　子どもは家庭に生まれ，家族との生活を通して，言葉の獲得，基本的な生活習慣や生活能力，豊かな情操，価値観等の様々な文化を習得して，社会の構成員として自立していく。人間がその社会の構成員として必要な文化を身につけていく過程を「社会化」といい，人間にとっての一次的社会化は家庭において行われる。そのため，生まれた家庭でどのように育てられるかといった家庭教育が，子どもの人生の土台を築き，その後の人生を方向付けることになる。

　教育基本法[*3]には，家庭教育の条文が2006（平成18）年の全部改正により新たに設けられ，家庭教育の重要性を明確に規定した。子どもの教育について，「父母その他の保護者」の第一義的責任が明記され，「生活のために必要な習慣を身に付けさせる」こと，「自立心を育成」すること，「心身の調和のとれた発達を図る」こと，といった具体的内容が明示された。

＊3　教育基本法
　我が国の教育に関する基礎的な法律であり，戦後の教育の民主化の中で1947年に制定されたことから，1948年に失効した教育勅語に代わる法律と見なされることもあるが，同年に施行された日本国憲法の理想の実現を目指す法律と位置付けられている。

教育基本法第10条（家庭教育）

第10条　父母その他の保護者は，子の教育について第一義的責任を有するものであって，生活のために必要な習慣を身に付けさせるとともに，自立心を育成し，心身の調和のとれた発達を図るように努めるものとする。

2　国及び地方公共団体は，家庭教育の自主性を尊重しつつ，保護者に対する学習の機会及び情報の提供その他の家庭教育を支援するために必要な施策を講ずるよう努めなければならない。

保護者の教育権が，国に優先することを，国内法として初めて明示した条文である一方で，人類の進化の過程とともにあった教育という営みの最も基盤にある家庭教育が，その意義や内容を法律に明文化しなくてはならなくなったほど，ゆらぎをみせているともいえるのである。

2）家庭の変化と子育て支援

家庭教育は，急激に進む都市化・核家族化により，保護者と地域社会とのつながりの希薄化，身近に人から子育てを教わる機会の減少，家庭をめぐる問題の複雑化などがあり，家庭そのものが直面している危機的状況が深刻化しているという問題も大きく影響している。そこで，教育基本法第10条第2項に，家庭教育の自主性を尊重しながらも，国や地方公共団体による家庭教育支援施策を実施することが明記されたのである。

平成期になり本格的に始まった子育て支援政策は，平成10年代になると，子どもと子育て家庭の支援にとどまらず，若者の社会的自立や仕事と家庭の両立を含めた政策として実施されるようになってきた。2004（平成16）年に「少子化社会対策大綱」の具体的な実施計画として策定されたのが「子ども・子育て応援プラン」である*4。子どもを産み育てる大人になるためには，そのための基盤をつくることが大切であり，若者の生活基盤の強化を図り，自立を促すことが盛り込まれた。同プランでは，将来親となる中高生に対し，中学校家庭科の授業で保育実習や子育て理解教育を経験したり，職場体験活動等で幼稚園や保育所，保健センターなどで乳幼児と触れ合う機会を設けたりする体験を通し，子育てに肯定的なイメージをもつ，あるいは子育てによって自分が成長できるイメージをもつことをねらいとしている。

2023（令和5）年4月，こども家庭庁が発足した*5。子どもに関わる行政組織を一元化し，文部科学省や他の省庁，民間団体と協力して，子どもから子育て家庭まで，幅広く子どもに関わる政策を担当する目的で設置された。子育てや少子化，児童虐待，いじめなどの子どもを取り巻く問題に対し，本質的な対策を進め解決することが期待されている。

家庭教育を行う「家族のかたち」をいつの時代にも普遍的なものだと思いがちであるが，今日では大きく変化していることを押さえておく必要がある。1986（昭和61）年に18歳未満の未婚の子どもがいる世帯は全世帯に占める割合が46.2％であったが，2022（令和4）年には18.3％となっている。つまり，昭和期末年頃には2世帯に1世帯に子どもがいたが，令和期に子どもがいる世帯は5世帯に1世帯なのである[6]。保護者の就労状況をみると，1997（平成9）年以降は共働き世帯が専業主婦世帯の数を上回り，以後その差が大きく開いている[7]。共働き世帯の増加により，幼稚園入園希望者よりも保育所入所希望者

*4　子ども・子育て応援プラン
　①若者の自立とたくましい子どもの育ち，②仕事と家庭の両立支援と働き方の見直し，③命の大切さ，家庭の役割等についての理解，④子育ての新たな支え合いと連帯，といった4つの重点課題をもとに，2009（平成21）年までの5年間に講ずる具体的な施策内容と目標を掲げた。

*5　こども家庭庁
　従来は内閣府や厚生労働省が担っていた子どもに関する行政事務の一元化を目的に設立された内閣府の外局である（p.30参照）。

が増加し，保育所に乳幼児期から長時間預けられる子どもも少なくないのである。「家族のかたち」の変化は，親子関係や子育てや，家庭教育のあり方を大きく変えようとしている。

（2）学 校 教 育

1）法律に明記された学校

学校が登場した要因の１つには，文化が急速に進展していった結果，従来の家庭や社会が担っていた教育機能では対応できなくなってきたことがあげられる。文字の使用が一般的になったことで，人間は日常の生活経験では獲得できない知識習得のため，学校という特別な教育，学習の場を必要としたのである。文字を中心とした初期の学校は，支配者階層のものとして登場した。生活するための労働から解放されたギリシャの市民たちの閑暇<ruby>閑暇<rt>かんか</rt></ruby>（スコレー：schole）の消費行為が学校（スクール：school）に発展したといわれている。

現在，日本の学校については，教育基本法第５条（義務教育）や第６条（学校教育），第７条（大学），第８条（私立学校），第９条（教員）に規定がある。

教育基本法第６条（学校教育）

第６条　法律に定める学校は，公の性質を有するものであって，国，地方公共団体及び法律に定める法人のみが，これを設置することができる。

2　前項の学校においては，教育の目標が達成されるよう，教育を受ける者の心身の発達に応じて，体系的な教育が組織的に行われなければならない。この場合において，教育を受ける者が，学校生活を営む上で必要な規律を重んずるとともに，自ら進んで学習に取り組む意欲を高めることを重視して行われなければならない。

学校教育法[*6]第１条に，学校とは「幼稚園，小学校，中学校，義務教育学校，高等学校，中等教育学校，特別支援学校，大学及び高等専門学校とする」と学校種が明記され，これらの学校を「一条校」や「一条学校」と呼ぶ。また，同法第124条に「専修学校」，第134条に「各種学校」が規定されている。両者とも「一条校」以外の学校で，高等課程をおく専修学校を「高等専修学校」，専門課程をおく専修学校を「専門学校」と称し，インターナショナルスクールやスイミングスクール等の多くが「各種学校」に位置付けられている。

同法では，学校の設置者，設置基準，校長や教員の配置，各学校の目的・目標，修業年限，教育課程等について規定している。また，同法に基づいて定められている政令である「学校教育法施行令」には，義務教育に関する就学義務規定や市町村等の教育委員会が地域に居住する学齢児童生徒の学齢簿を編纂し

＊6　学校教育法
日本の学校教育制度を規定した基礎的な法律であり，異なる学校種が複数併存していた戦前の複線型学校体系に代わり，1947年に小学校から大学までを単一の学校種でつないでいく単線型学校体系を規定した。学校種の規定だけではなく，学力観等の学校教育に関わる幅広い条文を記載している。

なければならないこと等が定められている。文部科学省の省令である「学校教育法施行規則」には，より具体的な学校教育の内容が規定されている。第1章では設置廃止等，校長・副校長・教頭の資格，管理について定められており，第2章では義務教育，第3章幼稚園，以下小学校，中学校といったように学校ごとに章が設けられ，設備編制，教育課程，職員などが明示されている。

　また，教育課程の基準について，「文部科学大臣が別に公示する小学校学習指導要領によるものとする（第52条）」と規定され，中学校や高等学校にも準用されている。法的拘束力をもつ学習指導要領は約10年ごとに改訂され，2016（平成28）年の中央教育審議会答申「幼稚園，小学校，中学校，高等学校及び特別支援学校の学習指導要領等の改善及び必要な方策等について」を受け，2017（平成29）年に幼稚園教育要領，小学校学習指導要領，中学校学習指導要領が，翌年に高等学校学習指導要領が教育課程の基準として告示された。

　この学習指導要領では，我が国の教育が教育基本法に明記された教育の目的・目標を達成するために行われていることや学習指導要領の意義・役割等を述べた前文を初めておき，「社会に開かれた教育課程」「主体的・対話的で深い学び」「カリキュラム・マネジメント」等をキーワードとし，すべての学習指導要領において，3つの資質・能力（①知識及び技能，②思考力・判断力・表現力等，③学びに向かう力，人間性等）を共通の柱として明示したのである。急激に進む少子高齢化，グローバル化，人工知能（AI）の発達など予測困難な時代にあって，一人ひとりが持続可能な社会の担い手となることを目指した教育課程と授業の創造が求められているのである（教育課程の詳細は第9章を参照）。

2）多様化と学校制度の変化

　1945（昭和20）年のポツダム宣言受諾により，新しい日本の建設が開始され，教育も民主的な方向へ舵を切っていった。教育を占領政策として重視した連合国軍最高司令官総司令部（GHQ）の要請で，1946（昭和21）年3月に来日したアメリカ教育使節団は，我が国の教育改革についての報告書をまとめた[*7]。戦後の教育改革はこの報告書に沿った形で進められていくことになる。子どもたちは，6歳になると6年間の小学校に就学し，12歳で3年間の中学校に進み，希望者は受験をして3年間の高等学校へ進学する，いわゆる6・3・3制の学校制度が成立したのである。同一年齢の子どもたちが，修業年限や学習内容も共通した同じ種類の学校に通うことから，単線型学校制度と呼ばれている。この学校制度は，教育の機会均等を保障し，民主的な社会の実現に向けた教育改革の一環として進められ，戦後学校制度の根幹をなす考え方であった。

　しかし，社会構造の変化や新しい考え方の創出，価値観の多様化等から新しい学校種が設置され，単線型学校制度は徐々に複雑化しつつある（表1-1）。

＊7　1946年，連合国軍最高司令官マッカーサーの要請で著名な教育関係者27名が来日し，約1か月の滞在後，日本の教育改革について提言した報告書である。この報告書は，①日本の教育の目的および内容，②言語の改革，③初等学校および中学校における教育行政，④教授法および教師養成教育，⑤成人教育，⑥高等教育などから構成され，6・3・3制，男女共学，義務教育の延長などを勧告した（p.111参照）。

高等専門学校（高専）は，1955（昭和30）年頃から始まる高度経済成長に伴う産業界からの人材育成の要請に応じるかたちで，科学技術の進歩に適応できる中堅技術者の育成を担う5年制の学校として新設された。

表1-1　学校種新設の経緯

設置年	新しい学校種
1962（昭和37）年	高等専門学校
1999（平成11）年	中等教育学校
2007（平成19）年	特別支援学校
2016（平成28）年	義務教育学校

また，高度経済成長期には，高等学校への進学率が上昇を続け，1970年代に90％を超えた。すると高等学校には様々な学力や興味・関心をもった生徒が入学するようになり，その対応策として多様な選択肢が求められるようになっていった。その具体策として，単位制高等学校や総合学科の設置があげられる。単位制高等学校は，学年による教育課程を設けず，決められた単位数を修得すれば卒業を認めるもので，1988（昭和63）年から定時制・通信制課程に，1993（平成5）年から全日制課程にも導入されることになった。1994（平成6）年には，これまで普通教育を主とする普通科や専門教育を主とする専門学科に並ぶ，第三の学科として総合学科が導入された。総合学科は，必修科目「産業社会と人間」とともに幅広い選択科目を用意し，生徒が将来の生き方や進路を念頭に置いて主体的に学ぶことを重視した教育を目指している。さらに，1999（平成11）年には6年制の中高一貫教育を推進するために中等教育学校を新設した。

2016（平成28）年には，義務教育学校という9年制の小中一貫校が新設された。義務教育学校では，小学生と中学生の交流が学校行事や部活動等を通して促進され，いわゆる「中1ギャップ」の解消が期待されている。中学校段階の教育内容を小学校段階で先取りでき，学年段階の区切りをなくし，6・3だけではなく4・5や4・3・2という設定にすることが可能となり，自由な教育課程を編成することができる（第8章参照）。

（3）社会教育

1）法律に明記された社会教育

社会教育とは，学校教育以外のすべての教育を包含する概念とする考え方と，家庭教育が本来的に社会教育とは異なるものとして，学校教育および家庭教育以外の教育とする考え方がある。前者が，社会教育法第2条による社会教育の定義であり，後者が教育基本法第12条（社会教育）の考え方である。

社会教育法第2条の定義は，あらゆる組織的な教育から学校教育を除くものを社会教育としているため，消極的定義とされるが，広く一般的な定義として定着している。それは，①学校の教育課程として行われる教育を除く教育，②

社会教育法第2条（社会教育の定義）

第2条　この法律において「社会教育」とは，学校教育法又は就学前の子どもに関する教育，保育等の総合的な提供の推進に関する法律に基づき，学校の教育課程として行われる教育活動を除き，主として青少年及び成人に対して行われる組織的な教育活動（体育及びレクリエーションの活動を含む。）をいう。

教育基本法第12条（社会教育）

第12条　個人の要望や社会の要請にこたえ，社会において行われる教育は，国及び地方公共団体によって奨励されなければならない。

2　国及び地方教育団体は，図書館，博物館，公民館その他の社会教育施設の設置，学校の施設の利用，学習の機会及び情報の提供その他の適当な方法によって社会教育の振興に努めなければならない。

成人および青少年を対象として行われる教育，③組織的に行われる教育ということになる。①が学校以外の教育としていないのは，地域の学習団体が校庭や体育館，教室などの学校施設を利用して行う教育を社会教育と位置付けているからである。②については，社会教育が社会において行われる教育であるから，18歳以上の成人がその対象の中心となるが，児童生徒が放課後や休日に参加するスポーツ少年団や公民館の講座などは社会教育に当たるので，青少年も対象に含むとしている。③の組織的とは，必ずしも集団で学習や活動をするという意味ではなく，公民館等の社会教育施設で行う教育活動や図書館・博物館を利用して個人で学ぶ活動も含まれる。同法の定義は，社会教育の範囲を示しているに過ぎず，社会現象としての社会教育を定義しているものではない。

2）社会教育の実際と学校教育との連携

　実際の社会教育は，乳幼児が母親と参加するスイミングスクールから，児童生徒が放課後や土日に参加するサッカークラブ，職業をリタイアした高齢者が通う絵画教室まで，「すべての国民があらゆる機会，あらゆる場所を利用して，自ら実際生活に即する文化的教養高め得る」（社会教育法第3条）教育であるため，際限なく存在することになる。

　社会教育施設をあげると，図書館，博物館，国立オリンピック記念青少年総合センター・国立青少年自然の家などの青少年教育施設，婦人教育会館・女性センターなどの女性教育施設，社会体育施設，文化会館などがある。これらの施設には，図書館司書，博物館学芸員，社会教育主事といった社会教育の専門的職員が勤務しており，様々な教育的なプログラムやイベント，展示・企画展

の開催などの業務を担っている。また，地域住民に対して，学習の場のみならず，教育的機能を有し，様々な学習プログラム（講座）や情報を提供するのが公民館である。

　現在，生涯学習の理念の下で，社会教育と学校教育の新たなあり方・連携・協働が模索されている（詳しくは第12章を参照）。「社会に開かれた教育課程」実現のため，「よりよい学校教育を通じてよりよい社会を創るという目標を学校と社会が共有する」ことが目指されている。高等学校では「総合的な探究の時間」が始まり，小・中学校での探究的な学び，幼児期の教育から始まった「思考力・判断力・表現力」を身に付ける学び等において，地域の人的資源や博物館・図書館等の物的資源を活用したり，放課後や土曜日等に社会教育の活用を図ったりすることは，よりよい社会の形成者になるとともに，幸福な人生を送るために必要な能力を身に付けるために大切な学びとなる。今後，放課後子ども教室*8，地域未来塾*9などの社会教育事業も，学校教育施策と関連付けられることが多く，生涯学習の考え方の下，学校教育と社会教育の連携協力が進むことになる。学校の教員の長時間勤務や土日の部活動指導など，教員の働き方改革が進む中，社会教育の役割や期待はさらに大きくなろう。

＊8　放課後子ども教室

児童の放課後の安全安心な居場所づくりのため，小学校内の施設を利用し，様々な体験活動を提供する社会教育活動。

＊9　地域未来塾

中学生や高校生等を対象として，放課後や土曜日，夏休み等に，学校の空き教室・図書館を使用し，退職教員や大学生等の地域住民の協力により実施する学習支援。

●演習課題

課題1：「教育」と聞いて，頭に思い浮かぶこと（イメージするワードやエピソード）を話し合ってみよう。

課題2：「教育」という漢字は，「教」が意味する外部から文化を注入して内面化する行為と，「育」が意味する子どもの潜在的な諸能力を助長する営みの両面がある。自己の教育体験を振り返り，潜在的な諸能力を助長する営みと考えられることを話し合ってみよう。

課題3：小学生もしくは中学生の担任教員として朝の学級活動行うことを想定し，季節感を感じる話題や時事問題を取り上げ，3分スピーチをしてみよう。

●引用文献

1）池田香代子・マガジンハウス編『世界がもし100人の村だったら完結編』マガジンハウス，2008，pp.16-17.
2）尾崎雄二郎他編著『角川大字源』角川書店，1992，p.771，p.1444.
3）日本国語大辞典第二版編集委員会・小学館国語辞典編集部編『日本国語大辞典〔第二版〕』第2巻，小学館，2001，p.1130および同第8巻，小学館，2001，pp.430-431.
4）グリニス・チャントレル編（澤田治美監訳）『オックスフォード英単語由来大辞典』柊風舎，2015，pp.319-320，p.514.

5）湯川次義編著『新編よくわかる教育の基礎〔第2版〕』学文社，2016，pp.10-11.
6）厚生労働省「2022（令和4）年国民生活基礎調査の概況」2023，p.7.
7）内閣府「男女共同参画白書 令和4年版」2022，p.135.

●**参考文献**
佐藤晴雄『生涯学習概論 第3次改訂版』学陽書房，2023.
酒井朗編著『現代社会と教育』ミネルヴァ書房，2021.
佐藤晴雄『現代教育概論 第5次改訂版』学陽書房，2021.
矢藤誠慈郎・北野幸子編著『教育原理』中央法規出版，2019.
海原徹『教育学―歴史・理論・課題〔改訂版〕』，ミネルヴァ書房，1991.

コラム　　「体験」格差から考える

　今ではおなじみの蛍光ペン。1974（昭和49）年にトンボ鉛筆から「暗記ペン蛍光」として発売されたのが，国産第1号だった。「暗記ペン」の名前の通り，教科書や参考書に蛍光ペンで線を引きながら暗記に励む昭和の中・高校生には，必須アイテムであった。

　今日，知識および技能を活用する能力である「思考力・判断力・表現力」が重要視されている。学校では「考える○○」や「○○探究」，タブレットを用いたグループワーク，プレゼンテーションが盛んに行われている。しかし，「思考力・判断力・表現力」は，幼少期からの様々な「体験」活動や人との関わりを通して醸成され，学校教育の中で広がりをもって身に付いていくのではないだろうか。コロナ禍を経て，家庭の経済格差が広がり，子どものスポーツや芸術活動，旅行などの学校外での「体験」に大きな格差が生じている。家庭の経済・文化的格差が，学校の成績に直結する中で，NPO（特別非営利活動法人）や大学，企業が，経済的に苦しい家庭の子どもたちに，「体験」の機会を提供する支援も始まっている。

　かつてのように教科書と「暗記ペン」だけで太刀打ちできた時代に比べ，明らかに高いハードルを越えなければならない今日の子どもたちがいる。まずは，固定観念を捨て，素直な気持ちで目の前の教育と向き合おう。次に，子どもや教育について，自分にできることを考え，できることから実践してみよう。教職を目指す皆さんにこそ，様々な「体験」が必要なのだから。そして，その「体験」を教職課程の学びに結び付け，問題の本質に迫ってほしいのである。

第2章 教育の本質と目的

　教育は，明確な意図をもって行われる営為である。教育的な行為は「何のため」や「何を目指して」といった到達点を設けて行われていくのである。その到達点が，教育を行う際の目的となる。教育目的は，時代や地域に影響されない普遍性と，それらに制約を受ける可変性がある。個人的な側面や社会的側面もある。本章では，なぜ人間には教育が必要なのかを理解したうえで，今日の教育を規定している日本国憲法や教育基本法，学校教育法等の教育理念・目的・目標を確認し，教育の性格やあり方等を考察する。

1　人間にとっての教育の必要性

（1）教育の誕生

　教育という営みは，人類が誕生し，長い年月をかけて進化してきた過程とともにある。現代人の祖先が直立二足歩行を可能にすると，手を器用に用いて道具を作り，火を操ることで衣食住の幅を広げ，他の動物にはみられない文化を形成してきたのである。これらの道具や技術は，人類の文化財として，広範囲に伝播されるとともに次世代へも受け継がれることになる。この伝承と進化の過程に教育的機能が存在していったのである。

　また，直立二足歩行の姿勢は，他の動物にはみられないほど人類の大脳を進化させ，特に大脳の表面を占める新皮質を大きく発達させることになった。新皮質の内側に存在する大脳辺縁系が本能的な活動を司（つかさど）るのに対し，大脳新皮質は知覚，記憶，言語，思考といった高次の脳機能を司り，後天的な刺激により発達していったのである。つまり，この新皮質の発達は，多くの動物が本能的な行動に縛られるのに対し，人類が後天的な情報を蓄え，その多くを操作する

ことで，新たな文化の創造や旧世代とは異なる生き方を可能としたのである。人類にとって，出生後の文化的刺激，特に教育的な行為は重要な役割を果たすことになった。

（2）人間の特性からみた教育の必要性

＊1　ポルトマン
バーゼル大学（スイス）の動物学の教授。鳥類を対象とした比較研究によって離巣性と就巣性に分類，後に研究を哺乳類に広げていった。

　スイスの動物学者ポルトマン（Portmann, A. : 1897-1982）[＊1]は，人間以外の動物について，誕生後に比較的長い期間，親の庇護のもとで生活する動物と，誕生後短時間で親と同じ行動様式をとることができる動物に分類し，前者を就巣性の動物とし後者を離巣性の動物と呼んだ。就巣性の動物は，まず体の構造が比較的単純で，母体内に留まる期間が短い，次に誕生時の個体数が多い，そして身体的機能が未成熟で生まれてくる，さらに生存率が低い，最後に生後長期間にわたる親の庇護を必要とする，といった特徴をもっていた。一方，離巣性の動物は，妊娠期間が長く，誕生時の個体数は1〜2体，遺伝的な特質の成熟も十分であるため，誕生直後から親と同じ生活を送ることが可能である。

　人間の特徴は，離巣性の動物に近いが，生まれたばかりの新生児は離巣性には当てはまらない。人間は，生後1年を迎えた頃に他の離巣性動物の誕生時の状態にたどりつく。人間を離巣性とするならば，あと1年ほど妊娠期間が必要となるとポルトマンは考え，人間の新生児を未熟な「生理的早産」の状態で生まれてくるとした[1]。

　人間以外のほとんどの動物は，成長の速度や行動様式などの成熟プログラムが遺伝情報として織り込まれ，出生後に環境の影響によって変容する余地はほとんどない。これは大変合理的ではあるが，生活環境や条件が急変した際，生き続けることが困難となってしまう。人間は，誕生後経験する複雑かつ高度な生活を営むために，環境に応じて成長発達する柔軟性を残しているのである。

（3）人は人間によって人間になる

＊2　カント
18世紀を代表する哲学者にして近代哲学の祖といわれる。『純粋理性批判』『実践理性批判』『判断力批判』の三批判書が有名。

　18世紀のドイツの哲学者カント（Kant, I. : 1724-1804）[＊2]は，教育にも強い関心をもち，ケーニヒスベルグ大学での講義が，弟子によって『教育学講義』にまとめられた。カントは，「人間は教育によってのみ人間になることができる」と主張したとされている。人間は動物的衝動をもった生物的存在とみる側面と，人間は教育によって社会的・文化的・理性的存在という側面がある。カントは，生まれたままの未熟な存在としての人間が成熟した人間となるには，教育を通じて初めて可能となるのであって，文化を学ばなければ成熟した人間にはなれないと述べた。人間以外のほとんどの動物が，遺伝的形質の中に行動様式が刷り込まれているため，成長過程で学ぶことが少なくても成熟可能である

ことから，カントの言葉は人間にとっての教育の本質的な意味と他の動物にみる教育の意味との相違を明確に表現しているといえよう。さらに，カントは「人間は教育されなければならない唯一の被造物である」という言葉も残している（第5章を参照）。

　今日の教育に目を向けてみよう。人は誕生後，あらゆる諸感覚を駆使しながら，身の周りの環境に働きかける一方，温かく受容してくれる家族や大人に見守られながら成長していく。この相互作用においては，子どもの自発的な関わりや五感などの身体感覚を伴う直接的な体験がとても大切である。また，特定の大人との密接な関わりによって育まれる信頼関係や認められることで得られる安定感が，子どもの様々な能力を発揮させる基盤となっていく。乳幼児期からメディアに長時間接触している子どもの中には，視線が合わせられない子，他の子どもが近寄ると逃げてしまう子，自分の感情をコントロールできない子などが報告されている[2]。ロボットやAIが教育にも深く入り込み，どんなに便利な社会になろうとも，人は人間と人間との関わりを通した教育，直接的な体験を積み重ねて人間になっていくことを忘れてはならないであろう。

2　形成から教育へ

　本来，教育的な作用は生活の中に溶け込んでいた。日常の生活や仕事をする親の背中を見ながら所作や仕事の意義を理解し，その方法を身に付けたように，教育は無意図的で自然な営みであった。そして，人類の進化とともに，たくさんの文化が蓄積され，社会階層の分化によって，教育を計画的かつ組織的に行うことが必要となり，意図的な教育が行われるようになったのである。そこで，意図的教育作用である「教育」と，無意図的教育作用である「形成」は区別された。しかし，現代社会が「形成」から「教育」へとってかわったというわけではなく，人が生まれ人間として成長する全過程において，この両者が相互に影響しているのである。

　人が生まれ，人間として成長する過程の全体を人間形成とした際，意図の明確さによって，無意図的人間形成，付随的人間形成，意図的人間形成に分類することができる。人間は，ある特定の社会集団や文化の中で生活していると意図的な働きかけがなくても，その集団の人々の考え方や行動様式を身に付けることがある。国民性・地域性・校風の違い・方言などにこうした無意図的人間形成の作用をみることができる。無意図的人間形成が，人間の根幹に関わる思考や態度形成に大きな影響を与えることが多い。

　特定の目的意識をもつ意図的な活動は，それ自体が人間形成を意図するもの

でなくとも，付随的に人間形成の働きをすることがある。特定の職業に長く従事していると，その職業の目的を遂行する必要から，独自の能力や思考，態度などが身に付いてくる。職人気質や教員タイプ，銀行員タイプなどは，それぞれの目的活動に付随して形成されたパターンである。

意図的な人間形成の作用こそが，教育である。人間は，様々な要因によって形成されていくが，常に望ましい方向へ形づくられるとは限らない。そこで，理想や目標に向けて効果的に推し進めるための意図的な活動，まさに教育が必要となる。今日の学校は，意図的な人間形成の代表格なのである。

3　教育の目的

（1）教育目的と教育目標

皆さんは「なぜ勉強するの？」と問われたら，何と答えるだろうか。「幸せな人生を送るため」，「お金持ちになるため」，「困っている人の役に立つため」，あるいは「親の期待に応えるため」など，自己実現のためであったり，他人のためであったり，様々な次元や価値観に基づく目的がある。学校へ行くことや勉強をすることが当たり前になっている今日，改めて「何のため？」と問われると，案外うまく答えられないのではなかろうか。

無意図的な教育作用である「形成」に対して，意図的であり目的的な営みである「教育」は，あらかじめ結果を予想して行われる。つまり，教育によって起こりうる結果を事前に設定したものが，教育目的なのである。いかなる意図的行為にも必ず目的があるように，教育にも「何のため」や「何を目指して」といった教育目的が存在する。

目的の類似語に目標という言葉がある。目的は，抽象的で長期にわたるめあてであり，内容に重点を置いて用いられる。一方，目標は，目指す地点や数値，数量などに重点を置いためあてであり，より具体的なものを指す。

教育においても教育目的と教育目標の用語が使われている。教育法制上では，教育目的を教育目標の上位概念として位置付けている。そして，教育目標は，教育目的を具体的にふくらませ，詳細に表現したものになっている。例えば，教育基本法では，第1条に教育の目的，第2条に教育の目標が置かれ，第2条には「教育は，その目的を実現するため，（中略）次に掲げる目標を達成するよう行われるものとする」と記され，具体的な5項目が述べられている。また，第1条（教育の目的）には，「人格の完成を目指し」とあるように，一般的な概念として抽象的な表現になっているのに対し，第2条（教育の目標）は，

「幅広い知識と教養を身に付け」や「国際社会の平和と発展に寄与する態度を養う」といったように具体的な項目で表現されている（p.19参照）。

（2）教育目的の普遍性と可変性

　教育目的には，時代や地域の違いにも影響されることのない普遍性と，時代の変化や国・地域がもつ諸条件の下でつくられる可変性がある。教育目的の普遍性には，一人ひとりの人間がもっている様々な潜在的能力や個性を見出し，伸長させるといった個人的な成長を促す側面がある。また，人間は生まれるとともに家族や地域社会，国家において集団生活を送ることとなり，社会性の獲得など社会への適応といった側面をもつ。さらに，集団生活に必要な知識や技能，習慣，言語，社会的規範などを身に付けるとともに新たなものをつくり出すといった文化の継承と創造という文化的な側面もある。

　様々な地域社会や国家が教育の目的を設定する場合，その国や地域がもつ社会のありようや，その時代が求める理想の人間像が教育目的となる。例えば，日本にあっても，江戸時代では身分制社会において分相応な生活する従順な人間が求められ，昭和戦前・戦中期では何をおいても国家に寄与する臣民の育成が目指され，今日であれば少子高齢化，グローバル化，情報化といった変化の激しい社会を生き抜く，あるいはAIにはできない豊かな人間性をもち得た人間が求められるのである。また，同じ時代に生きながらも，国家体制や民族がもつ固有の価値に制約を受け，目指す人間像が全く異なる教育が存在する。このように教育目的の可変性は，時代的変化と地域的条件の制約を受け，教育内容に大きな影響を及ぼすのである。

（3）教育目的の個人的側面・社会的側面・文化的側面

　人間が潜在的にもっている能力や成長する力を信じ，教育はその力を伸ばし開花させるための助長であると考えるか，社会の制度や環境に適応することや，様々な文化の蓄積を伝え新たな創造を生むことを教育と考えるか，人それぞれ考えは異なるかもしれないが，どれも教育の目的に違いないのである。教育目的には，個人的・社会的・文化的側面があり，どこに重点を置くかによって教育観が異なることになる。

　一人ひとりの人間には様々な潜在的能力や個性があり，教育はその能力や個性を見出し伸長させることである。これは教育目的の個人的側面といえる。また，人間は生まれると同時に社会の最小単位である家族に属し，地域社会や国家において集団生活を送る。この集団生活のために知識や技能，習慣，言語などを身に付ける必要があり，それが教育目的の社会的側面といえる。

　また，教育は有形・無形を問わず価値をもつ文化的所産（文化財）に対して，人間がそれらの価値に共感し受容するだけでなく，さらには既成の文化を批判し創造する意思と能力を形成する働きがあり，これが教育目的の文化的側面となる。個人的・社会的側面は，個人の思いや社会の現実に左右されがちでもある。よりよく個人や社会が成長・発達していくためには，現実を超える理想の実現や大所高所から問題解決を図る手立てが必要となるのである。歴史や伝統文化にふれ，外国語や異文化を学び，普遍的かつ幅広い教養を身に付けることができる教育は，特定の個人や社会のためだけではなく，広く世界を見渡し，地球規模で物事を考える人間を育てることになろう。

4　今日の教育理念と教育目的

（1）日本国憲法にみる教育理念

　1946（昭和21）年11月3日に日本国憲法が公布された。日本国憲法に唯一盛り込まれた教育条項は，第26条（教育を受ける権利）であり，「すべて国民は，法律の定めるところにより，その能力に応じて，ひとしく教育を受ける権利を有する」と定める第1項と，「すべて国民は，法律の定めるところにより，その保護する子女に普通教育を受けさせる義務を負ふ。義務教育は，これを無償とする」と定める第2項から成り立っている。第1項の「教育」は，第2項の「普通教育」を含む主権者である国民の教育を指している。第2項の「普通教育」とは，特定の領域や分野に偏ることなく調和的に発達した人間の育成を目指す一般教育と，すべての国民に共通する教育を施すという意味での共通教育の意味が含まれている。「義務教育はこれを無償とする」の「義務教育」とは，国民が保護する子どもに対して義務を負っている「普通教育」を意味するため，「義務制の普通教育」ということになる。

（2）教育基本法にみる教育理念・教育目的

　教育基本法は，1947（昭和22）年に日本国憲法の精神に則り制定された[*3]。憲法と同様に前文が記されており，ここに同法の趣旨や教育理念が明示されている。また，第1条には教育の目的が記されている。

　1947年の教育基本法（旧法）の前文には，「個人の尊厳を重んじ，真理と平和を希求する人間の育成を期する」教育であることと，「普遍的にしてしかも個性豊かな文化の創造をめざす」教育を普及徹底することが記されている。そこには戦前の国家主義的な教育への反省から「個人の尊厳」，「真理と平和」を

*3　教育基本法（旧法）は，以下の11条で構成されていた。
前文
第1条　教育の目的
第2条　教育の方針
第3条　教育の機会均等
第4条　義務教育
第5条　男女共学
第6条　学校教育
第7条　社会教育
第8条　政治教育
第9条　宗教教育
第10条　教育行政
第11条　補則

重視した教育観をみることができよう。

　制定から半世紀がたち，教育をめぐる状況の変化をふまえ，2006（平成18）年に教育基本法は改正された[*4]。その前文は，基本的な教育理念は維持しながらも「公共の精神を尊び，豊かな人間性と創造性を備えた人間の育成」をする教育であることと，「伝統を継承し，新しい文化の創造を目指す」教育の推進が新たに加えられたのである。規範意識や公共の精神の欠如が問題化する近年の社会状況や，異文化理解・多文化共生が進展する社会にあって，アイデンティティや自己肯定感をもつことの重要性が背景となっている。

　改正教育基本法第1条（教育の目的）は，「教育は，人格の完成を目指し，平和で民主的な国家及び社会の形成者として必要な資質を備えた心身ともに健康な国民の育成を期して行われなければならない」と，旧法第1条にある「人格の完成をめざし」を踏襲している。また，「人格の完成」とは，多義に及ぶが，「教育基本法制定の要旨[*5]」によると「個人の価値と尊厳との認識に基き，人間の具えるあらゆる能力を，できる限り，しかも調和的に発展せしめることである」と説明している。「人格の完成」という理想的な教育の目的には，個人の価値と尊厳を重んじるとともに，国家および社会への義務と責任を軽視することなく，心身ともに健康な国民の育成が目指されているのである。

　第2条（教育の目標）には，第1条に掲げた教育の目的を実現するため，学問の自由を尊重しながら，次の目標が達成されることが示されている。

教育基本法第2条（教育の目標）

第2条　教育は，その目的を実現するため，学問の自由を尊重しつつ，次に掲げる目標を達成するよう行われるものとする。

一　幅広い知識と教養を身に付け，真理を求める態度を養い，豊かな情操と道徳心を培うとともに，健やかな身体を養うこと。

二　個人の価値を尊重して，その能力を伸ばし，創造性を培い，自主及び自律の精神を養うとともに，職業及び生活との関連を重視し，勤労を重んずる態度を養うこと。

三　正義と責任，男女の平等，自他の敬愛と協力を重んずるとともに，公共の精神に基づき，主体的に社会の形成に参画し，その発展に寄与する態度を養うこと。

四　生命を尊び，自然を大切にし，環境の保全に寄与する態度を養うこと。

五　伝統と文化を尊重し，それらをはぐくんできた我が国と郷土を愛するとともに，他国を尊重し，国際社会の平和と発展に寄与する態度を養うこと。

[*4]　2006（平成18）年改正の教育基本法は，以下の構成である。

前文
第1条　教育の目的
第2条　教育の目標
第3条　生涯学習の理念
第4条　教育の機会均等
第5条　義務教育
第6条　学校教育
第7条　大学
第8条　私立学校
第9条　教員
第10条　家庭教育
第11条　幼児期の教育
第12条　社会教育
第13条　学校，家庭及び地域住民等の相互の連携協力
第14条　政治教育
第15条　宗教教育
第16条　教育行政
第17条　教育振興基本計画
第18条　法令の制定
附則

[*5]　教育基本法制定の要旨（昭和22年5月3日文部省訓令第4号）とは，教育基本法公布の約1か月後に出された文部省訓令である。民主的で平和的な国家再建の理想の実現は教育の力に待つべきものとした教育基本法の理念や基本原則を徹底するものである。

（3）学校教育法にみる教育目的と教育目標

1）小学校・中学校の教育の目的と目標

　学校教育法は，学校制度の基本的な体系等を規定するための法律として，教育基本法とともに1947（昭和22）年に制定された。学校教育法は，戦後間もなくアメリカ教育使節団によってまとめられた報告書（p.8参照）の影響を強く受けているが，その後たびたび改正され今日に至っている。

　まず，学校教育法の構成をみると，「第1章　総則」には，学校の定義，学校の設置や廃止，校長および教員を置くこととその要件，教育上必要があるときには懲戒を加えることができるといったことが定められている。「第2章　義務教育」では，第16条で保護者が子に9年の普通教育を受けさせる義務を負うことや第21条で義務教育の目標について記されている。「第3章　幼稚園」以降は，一条校（p.7参照）の学校種ごとに章が設けられており，その目的，達成すべき目標，職員の配置，教育課程については文部科学大臣が定めること等が明記されている。

　次に，学校教育法に定められている各学校の教育の目的，教育の目標等について確認してみよう。幼稚園の目的は，同法第22条において「幼稚園は，義務教育及びその後の教育の基礎を培うものとして，幼児を保育し，幼児の健やかな成長のために適当な環境を与えて，その心身の発達を助長すること」と定められている。幼稚園は，学校種の1つではあるが，小・中学校が普通教育を施すことを目的としているのに対し，「適当な環境」を通して「心身の発達を助長」することを目的としている。つまり，幼稚園では，四季や園周辺の自然環境，園庭や保育室等の物的環境，保育者や友人たちといった人的環境を通して，幼児自らが様々なものに興味をもって関わっていく意欲や態度を養い，生涯にわたる人間形成の土台を培うことが目指されているのである。続く第23条には幼稚園の目標が5項目掲げられており，保育内容5領域[*6]の根拠となるのである。

＊6　5領域
　幼稚園における教育目標や保育を行う際の視点である。子どもの発達を健康・人間関係・環境・言葉・表現の5つの側面から捉えている。

　小・中学校の目的は，義務教育として行われる普通教育の基礎および普通教育を行うことである。そして，その目的を実現するために，同法第30条では，第21条（義務教育の目標）の達成に努めることと，「生涯にわたり学習する基盤が培われる」ように「基礎的な知識及び技能」やそれらを活用した「思考力，判断力，表現力」の習得，「主体的に学習に取り組む態度を養う」ように意を用いることが記されている。

　また，同法第21条には，「義務教育として行われる普通教育は，教育基本法第5条第2項に規定する目的を実現するため，次に掲げる目標を達成するよう

に行われるものとする」として，10項目の目標が記されている。その目標とは，「社会的活動を促進し，自主，自立及び協同の精神，規範意識，公正な判断力並びに公共の精神に基づき主体的に社会の形成に参画し，その発展に寄与する態度を養う」や，「自然体験活動促進し，生命及び自然を尊重する精神並びに環境の保全に寄与する態度を養う」とされているように，特別の教科道徳・総合的な学習の時間・特別活動・各教科を通して実現されるべき内容となっている。

学校教育法第29条（小学校の目的）・第45条（中学校の目的）・第21条（義務教育の目標）

第29条　小学校は，心身の発達に応じて，義務教育として行われる普通教育のうち基礎的なものを施すことを目的とする。

第45条　中学校は，小学校における教育の基礎の上に，心身の発達に応じて，義務教育として行われる普通教育を施すことを目的とする。

第21条　義務教育として行われる普通教育は，教育基本法第5条第2項に規定する目的を実現するため，次に掲げる目標を達成するよう行われるものとする。

一　学校内外における社会的活動を促進し，自主，自律及び協同の精神，規範意識，公正な判断力並びに公共の精神に基づき主体的に社会の形成に参画し，その発展に寄与する態度を養うこと。

二　学校内外における自然体験活動を促進し，生命及び自然を尊重する精神並びに環境の保全に寄与する態度を養うこと。

三　我が国と郷土の現状と歴史について，正しい理解に導き，伝統と文化を尊重し，それらをはぐくんできた我が国と郷土を愛する態度を養うとともに，進んで外国の文化の理解を通じて，他国を尊重し，国際社会の平和と発展に寄与する態度を養うこと。

四　家族と家庭の役割，生活に必要な衣，食，住，情報，産業その他の事項について基礎的な理解と技能を養うこと。

五　読書に親しませ，生活に必要な国語を正しく理解し，使用する基礎的な能力を養うこと。

六　生活に必要な数量的な関係を正しく理解し，処理する基礎的な能力を養うこと。

七　生活にかかわる自然現象について，観察及び実験を通じて，科学的に理解し，処理する基礎的な能力を養うこと。

八　健康，安全で幸福な生活のために必要な習慣を養うとともに，運動を通じて体力を養い，心身の調和的発達を図ること。

九　生活を明るく豊かにする音楽，美術，文芸その他の芸術について基礎的な理解と技能を養うこと。

十　職業についての基礎的な知識と技能，勤労を重んずる態度及び個性に応じて将来の進路を選択する能力を養うこと。

2）高等学校等の教育の目的

　2022（令和4）年度現在，98.7％の進学率となっている高等学校であるが[3]，義務教育ではないことから，学校教育法第50条（高等学校の目的）において，「進路」に応じて，「高度な普通教育」と「専門教育」を行うと明記されている。続く第51条（高等学校の目標）には，「義務教育として行われる普通教育の成果を更に発展拡充」させること，「将来の進路を決定させ，一般的な教養を高め，専門的な知識，技術及び技能を習得」させること，「広く深い理解と健全な批判力」とともに「社会の発展に寄与する態度」を養うこと，の3項目が記されている。

　こうしたことから，高等学校には，普通科，工業や商業等の専門教育を行う専門学科，普通科と専門学科の両方の要素を併せもった総合学科が存在している。なお，中等教育学校の目的は，中学校と高等学校の教育を一貫して行うこととされている。

学校教育法第50条（高等学校の目的）・第51条（高等学校の目標）・第63条（中等教育学校の目的）

第50条　高等学校は，中学校における教育の基礎の上に，心身の発達及び進路に応じて，高度な普通教育及び専門教育を施すことを目的とする。

第51条　高等学校における教育は，前条に規定する目的を実現するため，次に掲げる目標を達成するよう行われるものとする。

一　義務教育として行われる普通教育の成果を更に発展拡充させて，豊かな人間性，創造性及び健やかな身体を養い，国家及び社会の形成者として必要な資質を養うこと。

二　社会において果たさなければならない使命の自覚に基づき，個性に応じて将来の進路を決定させ，一般的な教養を高め，専門的な知識，技術及び技能を習得させること。

三　個性の確立に努めるとともに，社会について，広く深い理解と健全な批判力を養い，社会の発展に寄与する態度を養うこと。

第63条　中等教育学校は，小学校における教育の基礎の上に，心身の発達及び進路に応じて，義務教育として行われる普通教育並びに高度な普通教育及び専門教育を一貫して施すことを目的とする。

●演習課題

課題１：教育基本法に明記された教育理念および教育目的をまとめてみよう。

課題２：教育基本法第7条（大学）および学校教育法第83条（大学の目的）を調べたうえで，在籍している大学の教育理念や教育目標を書き出してみよう。

課題３：学校教育法第21条（義務教育）に明記されている10の目標を達成するための教育活動について，自己の小・中学校時代を振り返り，各々の目標に該当すると思われる授業や活動を具体的に話し合ってみよう。

●引用文献

1）アドルフ・ポルトマン（高木正孝訳）『人間はどこまで動物か』岩波新書，1961，pp.26-41，pp.60-66.

2）土谷みち子「乳幼児期初期のビデオ視聴が子どもの成長に与える影響」家庭教育研究所紀要20巻，1998，pp.197-213.

3）文部科学省「令和5年度学校基本調査」2023.

●参考文献

・湯川次義編著『新版よくわかる教育の基礎〔第2版〕』，学文社，2016.

・滝沢和彦編著『教育学原論』ミネルヴァ書房，2018.

・矢藤誠慈郎・北野幸子編著『教育原理』中央法規出版，2019.

・佐藤晴雄『現代教育概論〔第5次改訂版〕』，学陽書房，2021.

コラム　　大学の目的を知っていますか

　皆さんは，現在通っている大学の建学の精神や教育理念，教育目標などをご存じであろうか。近年，自校史を共通科目に取り入れ，必修とする大学も増えてきたので，創立者の言葉や校歌を口ずさめる方もいるであろう。一方，キャンパス内の胸像を「誰？」，チャイムが奏でる校歌を「何の曲？」と友人に尋ねる方もいるかもしれない。

　各大学の教育目標やポリシーには，「本学は教育基本法に基づき，学校教育法の定めるところに従い，…」と始まるフレーズが案外多いのである。これは，大学の目的や目標も，教育基本法や学校教育法によって定められているためである。条文を知る学生はきわめて少ないであろうが，それらを確認することは在籍する大学の教育理念や教育目標，カリキュラム等を深く理解することにつながるのである。

　教育基本法第7条（大学）に，「大学は，学術の中心として，高い教養と専門的能力を培うとともに，深く真理を探究して新たな知見を創造し，これらの成果を広く社会に提供することにより，社会の発展に寄与するものとする」と目的と役割が記され，第2項に「大学については，自主性，自律性その他の大学における教育及び研究の特性が尊重されなければならない」とされている。

　大学は「学術の中心」として，教育・研究・社会貢献を行う学校であるため，小・中・高等学校の目的とは，かなり異なることがわかるであろう。また，大学では「自主性・自律性」が強調されており，中・高校生が教育を受けるものとして「生徒」と呼ばれるのに対し，大学生は教員とともに教育研究に携わり，自ら学ぶという意味で「学生」と呼ばれる。「社会の発展に寄与する」（学校教育法第83条）という崇高な理念の下に設置された大学において，皆さんには「学生」として自己の学びを深化させていってほしいのである。

第3章 子ども理解と家庭・地域

子どもに関する問題や事件が起こると，私たちはよく「子どもが変わった」からだというが，本当にそうなのだろうか。この章では子どもが「変わった」と考えるようになった経緯を，子ども観の歴史的変遷や子どもを取り巻く環境の変化から明らかにしてみたい。さらに現在の子どもが直面している問題を取り上げ，子どもをより深く理解し，今後どのように向き合うことが期待されているかについて考えていきたい。

1 子ども観の変遷

（1）近代以前の子ども観

古代日本の子ども観は，奈良時代に編纂された『万葉集』に収録された和歌にその一端をみることができる。山上憶良は，「貧窮問答歌」の「子等を思う歌一首」に「銀も金も玉も何せむに まされる宝子にしかめやも」と，私たちの「子どもは宝」という考えに通じるような思いを詠んでいる。一方で「防人歌」には「韓衣 裾に取りつき泣く子らを 置きてぞ来ぬや母なしにして」という和歌があり，防人の命を果たすために母親のいない子どもたちを置き去りにしなければならない現実も記された。「貧窮問答歌」でも極貧の中，重税に苦しむ庶民の姿が詠まれ，捨て子も頻繁に行われていた*1ことが複数の文献に記録されている。平安時代以降の貴族や上層武士などは，授乳も含めた育児や子育てに関しては乳母や女房が一手に引き受け，教育を含む子どもの成長に全面的な責任を負った。一方，庶民は農作業の働き手であった母親に代わり，年上の兄姉や農作業に従事できない老人が分担して育児にあたったが，子どもを育てる余裕がない場合は遺棄されることも多く，誰かに拾われたとしても一生隷属させられることも多かった。江戸時代になると，貧しい庶民の間では子

*1 生まれたばかりの赤ちゃんや子どもが捨てられると，野犬に喰われることが一般的だった[1]。

ども数を制限するために「間引き」も横行した。「間引き」とは，親による出産直後の嬰児殺しのことで，「口べらし」とも呼ばれた。労働力として男児が重視されたため，「間引き」は女児のほうが多かった。

　中世に入ると「遊びは子どものもの」という意識が登場したことを，様々な文献で確認できる*2。江戸時代，貝原益軒が『和俗童子訓』で「小児あそびをこのむは，つねの情なり」とし，「道に害なきわざならば，あながちにおさえかがめて，其気を屈せしむべからず」と記し，子どもにとっての遊びを肯定する見方を示している。近代以前の子ども観として知られているのが，「七歳マデハ神ノウチ」という考え方である。当時は乳幼児死亡率がきわめて高く，7歳までの子どもはまだ神の支配下にある不安定な存在であり，生死も含めて神に委ねられていると考えられたためである。そのため乳幼児は比較的自由に過ごし，7歳を迎えると一人前の人間としての教育が始まることとなる。

　中世の西洋社会では，子どもは「小さな大人」と見なされ，人格をもった一人の人間として尊重されていなかった。現在のような「子ども期」は存在せず，早く大人になることが求められた。子どもたちは，5〜6歳になると大人の中に入って一緒に働き，大人と同等の振る舞いを求められた。中世は大人を基準にして子どもを考える社会で，子どもの特性や発達などをふまえた独自の教育は行われなかった。こうした当時の子ども観を痛烈に批判したのが社会思想家のルソーだった。ルソーは著書『エミール』の中で，子どもは大人とは違う存在であり，子どもらしい興味・関心のもち方や感じ方，考え方があるとした。そのため人間の成長や発達の過程として子ども期は不可欠であり，既存の伝統や習慣に基づく教育を排除し，子どもが生まれもった善性を尊重した消極的教育が必要であると説いた。こうした新しい子ども観を提示したルソーは後に「子どもの発見者」といわれたが（p.54参照），当時の社会では異端とされ，旧来の子ども観が見直されることはなかった。

（2）近代以降の子ども観

　フランスの歴史学者アリエス（Ariès,P.：1914-1984）は，中世の子ども服，遊び，絵画などの分析から，「子どもらしさ」という意識は中世の社会には存在せず，近代になって登場したことを論証した[2]。「子どもらしさ」が登場する契機となったのが18世紀半ばに始まる産業革命の開始とそれに伴う共同体の崩壊であった。中世の共同体社会には子どもたちを大人にするための人間形成のプログラムがあり，そのシステムの下で「一人前」の大人になった。しかし産業革命による共同体の崩壊と同時に以前の人間形成プログラムが喪失した。そこで新たに子どもを大人にするシステムが必要となり導入されたのが

*2　『春日権現験記』や『法然上人絵伝』など寺院の縁起や僧侶の布教の様子を描いた絵巻物に子どもの遊びの様子が記されている。

「学校」であった。アリエスは，学校の登場により子どもが学校へと囲い込まれたことで，親子間の経済的・物理的な関係が希薄になり，そのことで親たちが子どもに対して感情的な強い絆を求めるようになったと述べている。こうして夫婦間，親子間の愛情の絆で結ばれた「近代家族」の意識がヨーロッパの中流階級で出現し，19世紀以降広く民衆に普及する中で，今日の「子どもらしさ」の意識が登場したのである[3]。

　19世紀末から20世紀初頭にかけて，アメリカでは教育学者であるデューイ（Dewey, J. : 1859-1952），ヨーロッパでは教育家であるエレン・ケイ（Key, Ellen, K. S. : 1849-1926），教育実践家であるモンテッソーリ（Montessori, M. : 1870-1952）らが中心となり新教育運動が展開した。欧米各国では近代公教育制度が整備されたものの，その多くは伝統的な知識注入型の教育が展開されていた。彼らはこうした教育を批判し，教育の主体は子どもであるとする「児童中心主義」を主張した。なかでもエレン・ケイは1900年に『児童の世紀』を出版し，20世紀は子どもの時代であると宣言した。児童中心主義の進展により「子どもの権利」の概念が誕生し，第二次世界大戦後の国際社会において子どもの権利を保障する動きが広がる。1959年には国際連合で「児童の権利宣言」が出され，1989年に「児童の権利に関する条約（子どもの権利条約）」が採択された。日本では1994（平成6）年に同条約が批准されたことで，国内で法的効力をもつものとされた。船橋一男は「子どもの発見」以降「保護の客体であった子ども」，「権利を享受する主体としての子ども」が批准により「権利行使の主体としての子ども」のあり方への転換を提起したと述べ，その象徴が同条約12条の子どもの意見表明権であるとしている[4]。なお，2022（令和4）年に成立した「こども基本法」によって，子どもの意見表明権（第3条）が明記された。

2　子どもが育つ環境と家庭の変化

（1）家族観の変化

　かつての日本の家族のイメージは，「頑固おやじ」で威厳のある父親像と，誕生から晩年まで常に男性に付き従う存在の母親像だった。近世の武家社会は封建的であり，女性は男性を立て，歩くときも男性の後を歩くことがたしなみとされたが，日本社会の大多数が農民であった共同体社会にはこうした武家の家族観は当てはまらない。庶民の多くは家族総出で農作業に当たる「生産」家族であり，大半の母親は貴重な働き手であったため出産後も十分な休養も取らず生業に従事した。そのため専業主婦で育児を担っていた武家の妻とは違い，

庶民の子育ては祖父母や兄姉，さらに地域の住人が担っていた。

　明治期に導入された「家」制度は日本における家族の模範的あり方を示すこととなった。武士階級をモデルとした家制度は家父長制を採用し，一家の嫡子が戸主となり，家族の構成員を統括するよう政策的誘導がなされた。とはいえ農村部では，地域差こそあれ依然として共同体社会が続き，明治以降も近世までの家族の特徴を色濃く残していた。

　日本の家族の形態と性格が大きく変容したのは，1950年代半ば以降の高度経済成長期からである。農業など第一次産業中心の産業構造は，製造業やサービス業を中心とする第二次，第三次産業への転換が促進され，1950年代後半には就労者の割合が逆転する。1960年代に入ると新幹線や高速道路などの交通網が整備され，都市と地方との地域差が次第に縮小していった。家族の機能から生産と消費が分離されて家族の成員が企業に雇用され，賃金と労働を交換して生計を立てる「消費」家族の形態へと変化した。加えて家族の性格に大きな変化をもたらしたのが「近代家族」*3意識の普及である。「近代家族」は，高度経済成長期，夫は企業に従事して家族を支え，妻は専業主婦として夫や子どもを支える「夫は仕事，妻は家事」という男女分業的役割を果たすことが最良の愛情表現であるという意識と相まって，急速に浸透した。その後，日本の家族においても子どもは夫婦間の愛情を軸に強い愛情を注がれる存在となったが，このことは子どもが親から「保護」される存在になったと同時に，「管理」される対象となったことを意味し，子どもは大切に育てられる一方で愛情という束縛を受けることとなった。

（2）子どもの体力の変化

　高度経済成長は家族観だけでなく，子どもの過ごす環境にも変化をもたらした。ここでは子どもの体力の変化に着目してみていきたい。文部科学省「体力・運動能力調査」の7歳，9歳，11歳男女の50m走，ソフトボール投げ，立ち幅跳びに関する1983（昭和58）年から2013（平成25）年の数値を比較すると，各年齢とも1980年代前半から2000年代初めに向けて急激に数値が低下していく。特に低い年齢では顕著で，50m走では2013（平成25）年の7歳と9歳の男子における記録は，1983（昭和58）年の女子の記録と同水準まで低下した。立ち幅跳びについては2013（平成25）年の7歳と9歳の男子記録が，1983（昭和58）年の女子記録を下回った。またソフトボール投げについては，9歳と11歳の男子記録について，この30年で5m以上記録が低下した。その後はほぼ横ばいかやや上昇したものもあったが，大幅な向上はみられなかった。

　日本レクリエーション協会は子どもの体力低下の原因として，①学校外の学

*3　落合恵美子は近代家族の特徴として，①家族領域と公共領域の分離，②家族成員相互の強い情緒的関係，③子ども中心主義，④男は公共領域・女は家族領域という性別分業，⑤家族の集団性の強化，⑥社交性の衰退，⑦非親族の排除，⑧核家族，これら8つの特徴あると指摘している[5]。

習活動や室内遊び時間の増加による外遊びやスポーツ活動時間の減少，②空き地や生活道路といった子どもたちの手軽な遊び場の減少，③少子化や学校外の学習活動などによる仲間の減少，の3点をあげている[6]。この要因として，1980年代にテレビゲームや携帯ゲームが急速に普及して相対的に外遊びが減少していったこと，1980年代以降，都市部を中心に空き地の減少，特に1980年代後半のバブル期の地価の急上昇により子どもが手軽に遊べる場所がなくなった。地域で存在していた異年齢の子どもの遊び集団が徐々に身近な遊び場を喪失したことに加え，放課後に習い事に通う子どもが増加し，地元で一緒に遊ぶ機会が減少したことが背景にあると考えられる。さらに2000年前後には，不審者事案や公園の遊具による子どもの死亡事故が話題にあがり，学校側が子どもの安全を守るため，下校時に大人が付き添い帰宅させることが増加したことも，地域で子どもが遊ぶ機会を減少させる一因になったと考えられる。

スポーツ庁が実施した「令和4年度全国体力・運動能力，運動習慣等調査」の結果，体力合計点が2008（平成20）年度の調査以来最低を記録したと発表した[7]。スポーツ庁は，低下の主な要因として，①1週間の総運動時間が420分以上の児童生徒の割合は増加しているものの以前の水準には至っていないこと，②肥満の児童生徒の増加，③朝食欠食，睡眠不足，平日1日当たりのテレビ，スマートフォン，ゲーム機等による映像の視聴時間を示すスクリーンタイムの増加のほか，コロナ禍での生活習慣の変化やマスク着用中の激しい運動の自粛などをあげている[8]。

（3）子どもが "変わった" のか

子どもの変化は子ども自身の変化ではなく，子どもの過ごす環境の変化が大きな要因である。子どもを取り巻く環境の変化にいち早く着目したのが，小児科医の小林登であった。小林は1980年代に入り都市化・情報化が進む日本社会において，「子どもの世界も大きく変貌し，その基盤となる家庭それ自体が揺らいでいる中で，次代を担う子どもの問題を根底からとらえなおす時点にきている」と問題提起し，子どもに関係する学問にもパラダイム転換が必要であると述べた。子どもをめぐる問題は，子どもに関わる小児科医，教育・心理の専門家だけで解決することはできず，子どもに関心をもつ専門家による学際的な研究，さらに研究の理念体系の確立が必要であるとした。小林は「子どもは生物学的存在として生まれ，社会的存在として育つ」という子ども観を示し，「生物学的存在としての子どもが生まれながらにもっている育つ力」と，家庭や社会のもつ「社会的存在としての子どもを育てる力」を改めて捉え直す「子ども学」を提唱した。子どもの発育に関わる生物学的な現象ばかりでなく，育

児，保育，教育など「子どもを育てる力」をも対象として総合的かつ学際的なアプローチで，子どもが育つ環境について検討する必要があるとした[9]。現在，子ども学の領域には保育・幼児教育学，小児医学に加えて，心理学，福祉学，脳科学，ロボット工学，AI研究，情報科学など様々な学問・研究分野が関わっている。今後も子どもの環境が変化し続ける中で，学問研究の知見をふまえながら子どもとの関わりを考えることが求められている。

3　地域の中で育つ子どもと家庭支援

（1）子育て支援の変遷

　皆さんは，子どもを育てる責任は誰にあると考えるだろうか。電車やお店などで子どもが泣いていたり，騒いでいたりするときに「親は何をしているのか！」と真っ先に考えてしまうことはないだろうか。2006（平成18）年に改正された教育基本法でも，子どものしつけや教育の責任は保護者にあると明記[*4]された。かつて「子どもは社会の宝」といわれ，地域社会全体で子どもを育てるという意識があった社会は，どのように変化したのかをみていきたい。

　かつての共同体社会では，子どもの養育は地域社会やその家族や親族が担ってきた。1947（昭和22）年公布の児童福祉法では，児童を育てる責任は保護者だけでなく国や地方公共団体にもあると明記された。この法律により社会的存在である子どもを，社会を構成する大人だけでなく国や地方公共団体にも子どもを健全に育成する責任があるとされた。高度経済成長期には地域社会が担っていた子育てのシステムが次第に弱体化するなか，国は子どもの養育を支え，家庭の子育てを支援する施策を打ち出した。1970年代は「近代家族」意識の浸透と相まって既婚女性の約7割が専業主婦だったが，1980年代に入ると女性の側からの就業要求が高まっていく。1985（昭和60）年には「男女雇用機会均等法」が施行され，法律上，女性は男性と同等の立場で社会に参加することとなった。女性の社会進出に伴い，子育てと仕事の両立が課題になってくる。出産による退職を余儀なくされる事態を改善するため，1992（平成4）年施行の「育児休業等に関する法律」により育児休業が法的に保障され，さらに1999（平成11）年には男女のジェンダー格差による弊害を是正するために「男女共同参画社会基本法」が制定された。1997（平成9）年に共働き世帯は専業主婦世帯を上回り，2010年代後半に世帯全体の3分の2を超えた[*5]。

　2023（令和5）年，政府は内閣府，文部科学省，厚生労働省にまたがっていた子どもや家庭支援に関する業務を一元化するこども家庭庁を設置し，「こど

＊4　第10条1項では「父母その他の保護者は，子の教育について第一義的責任を有するものであって，生活のために必要な習慣を身に付けさせるとともに，自立心を育成し，心身の調和のとれた発達を図るよう努めるものとする」と明記されている。

＊5　子どもをもつ母親の就労が増加するに伴い，未就学児を預ける保育所や託児所が不足する事態が深刻化し，"待機児童"問題がクローズアップされた。

もの権利を保障し，こどもを誰一人取り残さず，健やかな成長を社会全体で後押し」する「こども政策の司令塔」としての役割を担わせることとした。設置に先立って2021（令和3）年に示された「こども政策の新たな推進体制に関する基本方針のポイント」では，「こどもや家庭が抱える様々な複合する課題に対し，制度や組織による縦割りの壁，年齢の壁を克服した切れ目のない包括支援」を掲げた。さらに，様々な要因により現れる「こどもの困難」を，教育，福祉，保健などに関する諸機関が密接に連携して支援することを目標に，「こどもの最善の利益を第一とし，こどもに関する取組・政策を国の中心に据える〈こどもまんなか社会〉をめざし，こども視点で，こどもを誰一人取り残さず，健やかな成長を社会全体で後押しすることをめざす」としている。

（2）学校と家庭，地域との連携

　1990年代後半，地方教育行政は国による行政改革，地方分権化や規制緩和の推進を背景に大きく変化した。1998（平成10）年の中央教育審議会答申[10]では，各学校による「自主性・自律性の確立と自らの責任と判断による創意工夫を凝らした〈特色ある学校づくり〉」の実現のため，学校裁量権の拡大に向けた制度の見直しや改善を求めた*6。2000（平成12）年には学校教育法施行規則改正により学校評議員制度の導入が決まり，2002（平成14）年には小中学校の各設置基準により学校運営状況について「自己点検・自己評価」の実施・結果公表が求められた。さらに2004（平成16）年には，地域住民・保護者らが一定の権限と責任をもって学校運営に参加できる学校運営協議会（コミュニティ・スクール）の設置が可能になり，学校が地域の教育機関として家庭や地域の要請に応じ，各学校の判断によって可能な限り自主的・自律的に特色ある学校教育活動を展開できるようになった。

　一方，1998（平成10）年改訂の学習指導要領で「総合的な学習の時間」が創設され，各校が創意工夫を生かした教育活動を展開し，家庭・地域社会と十分連携を図り「開かれた学校づくり」を推進することが求められた。2006（平成18）年の改正教育基本法第13条では「学校，家庭及び地域住民その他の関係者は，教育におけるそれぞれの役割と責任を自覚するとともに，相互の連携及び協力に努めるものとする」と明記した。2017（平成29）年改訂の学習指導要領では，子どもたちが未来社会を切り開くための資質・能力を一層確実に育成するために「社会に開かれた教育課程」の重視が示された。第1章総則第5の「家庭や地域社会との連携及び協働と学校間の連携」では，教育課程の編成および実施に当たり，学校が教育課程の目的を達成するため，家庭や地域社会との連携や協働，世代を越えた交流の機会を設けることなどを求めている。

*6　答申では「教育委員会と学校の関係の見直しと学校裁量権限の拡大」や「学校運営組織の見直し」，「地域住民の学校運営への参画」の必要性を指摘した。また教育課程の編成，学校予算の編成と執行，教員人事の面で校長の意向の反映できる学校の自主的・自律的な学校運営が必要であるとし，教育委員会による指示・命令と指導・助言を明確にし，教育委員会と学校の責任の所在を明らかにすることなどを求めた。

4　子どもをめぐる諸問題

（1）児童虐待

　児童虐待に対応するため，2000（平成12）年に「児童虐待の防止等に関する法律（児童虐待防止法）」が施行された。その後の改正で虐待予防，早期発見，被害者の保護・自立支援や立入調査の強化（臨検），保護者への面会・通信の制限強化がなされた。2018〜2019年にかけて起こった虐待死事件*7を契機に，2020（令和2）年には児童虐待防止法と児童福祉法等が改正され，親権者らによる体罰禁止，配偶者暴力相談支援センターと児童相談所の連携強化，学校・教育委員会・児童福祉施設の職員の守秘義務が定められた。

　児童虐待は，①児童の身体に外傷等の暴行を加えること（身体的虐待），②児童にわいせつな行為をすることまたは児童をしてわいせつな行為をさせること（性的虐待），③児童の心身の正常な発達を妨げるような著しい減食または長時間の放置その他の保護者としての監護を著しく怠ること（ネグレクト），④児童に著しい心理的外傷を与える言動を行うこと（心理的虐待）に分類される。児童相談所が児童虐待相談として対応した件数は，法律が制定された2000（平成12）年では1,171件であったが，その後児童虐待が社会的に認知されるにつれて相談件数も増加し，2022（令和4）年度に219,170件（速報値）となり過去最多となった[11]。ここ数年増加しているのが，心理的虐待の1つで児童の前で配偶者に対して暴力（ドメスティックバイオレンス：DV）が行われる面前DVである。友田明美によれば，児童に著しい心理的外傷を与えるような夫婦間の暴力行為は子どもの脳の発達にも影響を及ぼすという[12]*8。

　児童虐待の背景には，①親自身の問題：親が人間的に未熟で親としての自覚が不十分で身勝手で自分中心に考え行動すること，②世代間伝達（虐待の連鎖）：親の幼少年期の体験が虐待発生のバックグラウンドとなり子どもの愛し方，育て方のわからない親となる，③家庭的要因：ここにはDVの問題も含まれる。④親の孤立：個人と社会との結び付きが弱く，問題を解決できない親が病み，子どもがその犠牲者となる，⑤貧困，などがある。

（2）子どもの貧困

　高度経済成長から1980年代にかけて日本社会は，「一億層中流」社会といわれ，貧困は「見えない」問題となっていた。しかし1990年以降のバブル経済崩壊後は「社会格差」が顕在化し，貧困が「見える」問題となった。2000年

代半ばに学校現場での「給食費未納」問題が相次いで報道され，2008（平成20）年には「子どもの貧困」に関する種々の文献が刊行されたため貧困が社会問題化した。貧困の実態を表す指標として，厚生労働省による「相対的貧困率」[*9]が知られており，2003（平成15）年以降貧困率は上昇し，2012（平成24）年には16.1％に達した（2022（令和4）年は15.4％）。子どもがいる現役世帯の貧困率も上昇し，なかでもひとり親家庭では全体の半数以上が相対的貧困となっており，子どもの養育や教育関連費の負担が重くのしかかっている。

　貧困は，子どもの学力にも影響を与えている。経済格差と学力との関連については以前より指摘されていたが，お茶の水女子大学が2013（平成25）年度の「全国学力・学習状況調査」の結果をもとに分析したデータによると，親の学歴，所得と子どもの学力に明確な相関があることが明らかになった[13]。

　阿部彩は，「子ども期の貧困は，子どもが成長した後にも継続して影響を及ぼしていている」として，「子どもが貧困状態で育つことは，その子どものその時点での学力，成長，生活の質などに悪影響を与えるだけでなく，それはその子どもが一生背負っていかなければならない〈不利〉な条件として蓄積される」[14]と述べている。スクールソーシャルワーカー（SSW）の峯本耕治はさらに経済的な困難が虐待の要因にもなっているとし，その理由として貧困状態で育った子どもには，自尊感情と基本的信頼感の低下と情緒・行動面の不安定と学校不適応という「見えにくい不利」があり，経済的ストレスや貧困といった経済的環境の厳しさ（生活保護世帯やひとり親世帯など）が虐待のリスク要因となり，意欲の低下とネグレクト・生活文化と世代間連鎖のリスクを生み，子どもの情緒・行動面における成長・発達への悪影響を与えると述べている。一方で学校教育を「貧困と虐待から生じる〈不利〉と世代間連鎖を防止する最大の公的システム」ととらえ，学校が学力保障はもとより，より積極的かつ意識的に子どもの社会的自立に向けた教育を提供し，成長発達保障を行う対策を提案することと，学校でできる虐待防止と家族支援として福祉セクターとの連携，校内チームや学校サポート体制の整備，他機関や専門職との連携を整備する必要を指摘している[15]。阿部もこれからの学校のあり方として，「社会的包摂（social inclusion）」[*10]の考え方を応用し，子どもが学校を楽しい場所と感じ，友だちや先生から認められ，自分の居場所が学校にあると思える学校生活を保障する「学校生活の包摂」の実現を提唱している[16]。

（3）ヤングケアラー

　ヤングケアラーとは「家族にケアを要する人がいる場合に，大人が担うようなケア責任を引き受け，家事や家族の世話，介護，感情面のサポートなどを行

*9　相対的貧困率
　等価可処分所得の中央値の半分の額を貧困線とし，それを下回る等価可処分所得しか得ていない者の割合。2022年時点で貧困線は年収127万円である。

*10　阿部によると社会的包摂とは，「一人一人が社会のメンバーとして認められ，さまざまな活動に参加し，小さくてもかけがえのない〈役割〉をもち，〈自己実現〉可能な状態のことである。

っている，18歳未満の子どものこと」[17] である。日本では2010年代後半から
マスメディアでも取り上げられるようになったが，すでに2000年代には埼玉
県の高校教員だった青砥恭が底辺校の高校生の中で家族の貧困により稼ぎ手と
して高校での就学を諦め退学する生徒の実態を明らかにしている[18]。埼玉県で
は2020（令和2）年に「埼玉県ケアラー支援条例」を制定し，全国の自治体で
初めてヤングケアラーの支援を開始したことで話題になった。同年，県内の公
私立高校の高校2年生全生徒を対象に実施したヤングケアラー実態調査で，ヤ
ングケアラー（過去そうだったものも含む）の割合が全体の4.1％であることが
明らかになった[19]。その後，政府が同年11月より2021（令和3）年1月にかけ
て小学生から大学生にわたる全国的な調査を実施した結果，中学2年生が5.7
％，全日制の高校2年生が4.1％，また「家族の世話をしている」と回答した
小学生6年生も6.5％にのぼった[20]。

　2010年代より高校生への実態調査，支援に当たっている濱嶋淑恵はヤング
ケアラー支援のためにできることとして，専門職や一般人の実態把握によるヤ
ングケアラーの困難さとケア経験がもたらす価値の両面の理解と親の困難さ生
きづらさの理解を前提に，①地域による孤立を解消するための出会いの場所づ
くり，②放課後や休日などに学習の場を提供し学習サポートを行う学習支援，
③彼らが担う家事・食事支援の充実，④ケアから離れて休むことができるレス
パイト（小休止）サービスの実施，⑤彼らに「寄り添い，一緒に悩み，考えて
くれる味方」となる「伴走者支援」，の5つの支援を整備することだと指摘し
ている。そのうえで学校や教員，友人がヤングケアラーを理解し，聞く姿勢を
もつことが重要で，とりわけ教員が「頼れる大人」として，相談でき自身のこ
とを考える機会を確保することが重要であると述べている[21]。

●参考文献

平野智美監修，中山幸夫・田中正浩編著『新・教育学のグランドデザイン』八千代出
　　版，2017.
増子勝義編『新世紀の家族さがし　おもしろ家族論』学文社，2000.
増子勝義編『21世紀の家族さがし』学文社，2010.

●引用文献

1）森山茂樹・中江和恵『日本子ども史』平凡社，2002，p.82.
2）フィリップ・アリエス（杉山光信・杉山恵美子訳）『〈子供〉の誕生　アンシャ
　　ン・レジーム期の子供と家族生活』みすず書房，1980，p.122.
3）同上書，p.3.
4）木村元・小玉重夫・船橋一男『教育学をつかむ』有斐閣，2009，p.227.
5）落合恵美子『近代家族とフェミニズム』勁草書房，1989，p.18.

6）日本レクリエーション協会ホームページ「子供の体力の今」(https://kodomo.
recreation.or.jp/current/cause/)
7）スポーツ庁「令和4年度全国体力・運動能力，運動習慣等調査」2022.
8）同上書　p.20.
9）小林登『子ども学（チャイルド・サイエンス）のまなざし：「育つ力」と「育てる力」の人間科学』明石書店，2008，p.33.
10）文部科学省中央教育審議会「今後の地方教育行政の在り方について（答申）」1998.
11）厚生労働省「令和4年度児童相談所における児童虐待相談対応件数（速報値）」2023.
12）友田明美『子どもの脳を傷つける親たち』ＮＨＫ出版新書，2017，p.94.
13）お茶の水女子大学『平成25年度全国学力・学習状況調査（きめ細かい調査）の結果を活用した学力に影響を与える要因分析に関する調査研究』2014.
14）阿部彩『子どもの貧困―日本の不平等を考える』岩波新書，2008，p.24.
15）松本伊智朗編著『子ども虐待と貧困「忘れられた子ども」のいない社会をめざして』明石書店，2010，pp.104-153.
16）阿部彩『子どもの貧困Ⅱ―解決策を考える』岩波新書，2014，pp.202-203.
17）日本ケアラー連盟ホームページ「ヤングケアラーとは」
(https://carersjapan.com/about-carer/young-carer/)
18）青砥恭『ドキュメント高校中退―いま，貧困がうまれる場所』筑摩書房，2009，pp.23-24.
19）埼玉県「埼玉県ケアラー支援計画のためのヤングケアラー実態調査結果」2020，p.4.
20）文部科学省「ヤングケアラーに関する調査研究について」(https://www.mext.go.jp/a_menu/shotou/seitoshidou/mext_01458.html)
21）濱嶋淑恵『子ども介護者　ヤングケアラーの現実と社会の壁』角川書店，2021，pp.196-213.

●演習課題

課題1：家族や子どもの変化の背景や要因について考えてみよう。

課題2：これまでの学校生活で経験したことのある地域との関わりや活動について，話し合ってみよう。

課題3：子どもをめぐる問題について，興味・関心をもった問題について詳しく調べてみよう。

コラム　　子供？　子ども？　こども？

　皆さんは「コドモ」をどのように書きますか。昨今では内閣府が平仮名で「こども」と表記するようになりましたが，一般的にはまだ「子供」か「子ども」と書くことが多いと思います。「子供」と書く理由は，「供」が6年生で習う漢字なので，「供」を習うとその後は先生も漢字で表記するようになるため，皆さんも先生にならってそう書いていたからです。

　にもかかわらず教職課程や保育士養成課程の授業を受けていて，大半の教員が「子ども」と書いているな，と気づいた方がいると思います。このようになったのは教育評論家の羽仁説子による主張がきっかけといわれています。羽仁は子供の「供」には従属するという意味があり，子どもは大人の従属物ではないので平仮名で表記すべきと主張しました。さらに供は「お供」を意味するとして，子どもは大人の添え物ではないという考え方も登場しました。子どもは大人の従属物や添え物ではなく，一人の人格をもった存在として尊重すべきという考えから意識的に「子ども」を使っている教員が多いのでしょう。

　では本当に「供」にはそのような意味があるのでしょうか。言葉の成り立ちをみていくと，そもそも大人の対義語は子であり，子どもは子の複数形を表す表記に過ぎないものであったと考えられています。その点では「供」に必ずしも子どもを蔑むとか軽視するという意味はないと考えてよさそうです。それがわかっていても「子ども」と表記するのは，教育や保育の場において，子どもが最大限尊重され，配慮される存在であることを心に留めるために使用しているのではないかと思います。ちなみに2023（令和5）年に発足した「こども家庭庁」ではコドモは平仮名の表記となりました。

第4章 西洋の教育の歴史と思想Ⅰ

本章では，西洋における教育の歴史と思想について，古代，中世，近世・近代それぞれの時代背景や社会構造に留意しながら紹介したい。古代では，ギリシアとローマにおける教育や活躍した教育家の特色を明らかにする。中世では，キリスト教の考えに基づく教育が世俗化されていく過程を明らかにする。近世から近代では，子どもを中心とする教育を提唱した教育家の考えや，教育が公教育として社会に位置付けられていくことを明らかにする。さらに20世紀以降については，アメリカを中心として，今日につながる教育思想を確認する。

1 古代の教育

（1）古代ギリシアの教育

　西洋の古代は，都市国家であるポリスが多数存在する奴隷制社会であった。ただ，ポリスによって異なる価値に基づく社会観や人間観を有するため，教育にもそれぞれ固有の特徴がみられる。古代ギリシアにおける代表的なポリスはアテネとスパルタである。イオニア人を主とするアテネは，貴族政から民主政へと移行する中，教育においても，自由で民主的なポリス構成員の育成を重視していた。ドーリア人のポリスであるスパルタは，征服民を奴隷のヘイロタイ（ヘロット）や劣格市民のペリオイコイ（「周辺に住む人々」の意）として位置付け，貴族的・軍事的なスパルタ市民を意識した教育を展開した。

　当時のポリスでは，本来的に「知恵ある人」を意味する職業教師であるソフィストが弁論術などを教えていた[*1]。こうした中ギリシアでは，世界の根本原理である「アルケー」を自然哲学の立場から問うたミレトス学派[*2]に代わり，いわゆる人間哲学として問うたのがソクラテス（Sōkratēs：前469頃–前399）や

「ソクラテスの死」
（ジャック＝ルイ・ダヴィッド作，1781年）
ソクラテスの最期を囲む弟子や友人の姿を描いている。

＊3　ヘレニズム
　アレクサンドロス大
王（前356-前323）の
時代からローマのエジ
プト併合（前30）あ
たりまでの時期。東方
のオリエント文化と融
合したギリシア文明を
特色とする。大王によ
るムセイオンなどが建
設された。

＊4　初等学校
　初等学校である「ル
ードゥス」は，「遊び」
を意味する。

＊5　修辞学
　弁論や演説の技術に
関する学問。レトリッ
ク。イソクラテス（前
436-前338）の修辞学
校は代表的教育機関の
1つである。

プラトン（Plátōn：前429頃-前347頃）（p.51参照），アリストテレス（Aristotelēs：前384-前322）らであった。

　ソクラテスは，徳は知識であり教えられるとする知徳合一という主知主義にたち，「対話法」（問答法）として進められる「助産術」（産婆術）により，青年を「無知の知」，すなわち無知の自覚に導いた。青年をはじめ，いわゆる人としての生き方を問い，それに関わって教育を考える姿勢は，ソクラテスの弟子・プラトンにも引き継がれる。観念論にたつ彼は，学塾アカデミアを開き，その著書『国家』の中で，「洞窟の比喩」を用いて「教育と無教育」を対比させる教育論などを論じた[1]。またプラトンの弟子であり，唯名論に立って「すべての人間は，生まれつき，知ることを欲する」[2]というアリストテレスは，学塾リュケイオンを開き教育に携わった。『ニコマコス倫理学』の中で行動の習慣化や人間愛の重要性を説くなど，都市国家であるポリスの一員としての人間のあり方を考察した。

（2）古代ローマの教育

　古代ギリシアに続くヘレニズム時代[＊3]を経た後も，人としての生き方やあり方を問い，それを教育に期待する姿勢は，その後の古代ローマにおいても認められる。王政・共和政・帝政へと政治的発展を遂げた古代ローマは，紀元前27年に帝政を開いたアウグストゥス（Augustus：前63-後14）の時代から五賢帝の統治（96-180）に至る「パクス・ローマーナ」の時期が最盛期とされる。

　古代ローマにおいても，時代や社会に応じた教育がみられる。共和政期には，家庭教育を中心に，質実剛健で実務や管理能力をもつ，控えめで誇り高い市民の育成がなされ，帝政期にかけて読み書き計算を担う初等教育機関（初等学校[＊4]），教養主義的な文法学校を主とする中等教育機関，修辞学[＊5]や弁論術

を学ぶ修辞学校を主とする高等教育機関が現れた。

　人間を自然的立場から考察したストア学派[*6]といった哲学者・思想家が現れた。古代ギリシアからの歴史を有するストア哲学は，世界に遍在する宇宙理性としてのロゴスを認め，いわゆる賢人が，内心の理性にのみ聴くことで得られる泰然自若の心境である「アパテイア」によって，人としての幸福にあずかりうるとする[*7]。こうした中，キケロ（Cicero, M.T.：前106-前43）やセネカ（Seneca, L.A.：前4頃-前65）らは，ローマ時代の代表的な哲学者であった。キケロは，演説や修辞学・哲学関係の著作を有する共和政期の政治家・雄弁家であり，弁論術を追究する中で人間的教養を説いた『弁論家について』などを著した。セネカは，人生や自然について論じたローマ帝政初期の政治家・哲学者であり，「人生の短さについて」等を論じた『道徳論集』などがある。彼らをはじめ，散文的ラテン語文学の祖とされる大カトー（Catō Cēnsōrius, M.P.：前234-前149）にみる素朴な雄弁家的人間から，ローマの修辞学者・教育家であるクインティリアヌス（Quintilianus, M.F.：35頃-100頃）が述べた「立派に語る善き人」などを含め，いずれも，理想的な古代ローマ人，すなわちヴィル・ボーヌスとしての生き方を問い，強い意志やそれに基づく公民としての実践力をもつことを「男らしさ」としての「徳」と考え，そのような価値観に基づく教育を重視した。

2　中世キリスト教社会の教育

（1）キリスト教の発展と教育

　中世は，封建制を土台とする社会であった[*8]。封建制においては，支配者層である騎士の子弟教育もなされ，いわゆる騎士道なる規範が形成された。封建制に基づく西洋中世社会における教育の特徴は，キリスト教が社会に大きな影響を及ぼしたことであった[*9]。イエス（Jesus Christus：前4頃-前28）を，メシア（救い主）を意味するキリストと認め，その人格と教えを中心とするキリスト教は，「幼年時代，少年時代の罪を語り，そのころ遊びにふけって学問をおろそかにしたことを告白」[3]した聖アウグスティヌス（Augustinus, A.：354-430）らにより布教されていった。

　キリスト教にあっては，人類の始祖アダムが犯した罪ゆえにすべての人間がもつとされる「原罪」を教義の中に位置付け，その罪の自覚による敬虔な生き方が求められた。ベネディクト（Benedictus：480頃-547頃）によるベネディクト派修道院やクリュニー修道院などが，学問，文化の保存・普及といった点

＊6　ストア学派
　理性である普遍的ロゴスに基づき，個人の幸福を求めるとする。

＊7　アパテイアのほか，ギリシアの唯物論哲学者であるエピクロス（前341-前270）は，真の快楽を，「アタラクシア」（欲望から解放された心の平静な状態）にあるとする快楽主義を説いた。

＊8　2つの要素として，恩貸地制度と，古ゲルマンにおける自由民相互間の従士制の流れをくむ家臣制があげられる。

＊9　古代ローマ帝政末期には，コンスタンティヌス大帝（274頃-337）によるミラノ勅令（313）での信教の自由の獲得，テオドシウス1世（347-395）の治下では，キリスト教は国教としての地位を確立していく。

で，教育に大きな影響を及ぼした。そこに敷設された教場で，神学，リベラル・アーツと呼ばれる主に七自由学芸（文法・修辞学・弁証法の三学，算術・幾何・天文学・音楽の四科）が教えられたほか，「清貧・貞潔・従順」「祈り且つ働け」をモットーとしていた。

　修道院も付属学校を有するなど重要な教育的機能を果たしていた。人間における宿命的「原罪」を認め，信仰や労働という行為を通し，義務という考えによって人の行動や行為を規制する当時の教育は，重要な視点を提起している。すなわち，古代と同じく，中世という時代や社会に特有な価値観に基づく教育が存在したという点である。『神学大全』を著し，世界の根源的なよさを肯定的にとらえたトマス・アクィナス（Thomas Aquinas：1225頃-1274）をはじめとして，キリスト教教義の理性的な弁証をアリストテレス的論証により追求したスコラ哲学は，キリスト教的価値観を理論的に支えた。一方で中世は，11世紀頃には，人格的従属関係を伴う封建制度の社会関係的な定着が認められるようになるなど，教育の道徳的な面を考えるうえで，封建的関係を中核とする人間関係や原罪を有する人間観により，いま一つの視点として，価値の内面化，人々への教化という課題を示したともいえよう。

（2）社会の世俗化と教育

　中世は，800年に西ローマ帝国を復興したカール大帝（Karl der Große, シャルルマーニュ〔Charlemagne〕，747-814）がキリスト教理念に基づく国家統治の文化運動を展開した。アルクイン（Alcuin：735頃-804）らの学識者が活躍したカロリング・ルネサンス，普遍論争において唯名論を唱えたアベラール（Abélard, P.1079-1142）らが活躍した12世紀ルネサンス，法学のボローニャ，神学のパリ，医学のサレルノといった各地の大学の勃興と隆盛など，学問や文化面での発展がみられる時期でもあった。この時代は，国際主義や世俗主義の台頭，それと関わって商人の中世同業組合であるギルドやドイツの都市手工業者同職組合に特有なツンフトなど，自治団体組織の社会化が進められたという点で，哲学的合理主義や世俗主義の進展と関わって中世を肯定的にとらえる視点は大切である。こうした中で，ウニヴェルシタスといった同業組合としての大学も，「教師と学生の集団」として，自治をはじめとする特権を獲得しながら隆盛をみせる。「この時から大学への途を開き，大学の組織を必要とすることとなった一つの偉大な，そして重要な革新が行われていた」[4]とされるように，ルネサンスに向けてこの時期の教育もまた重要な意味をもつといえる。

3　近世・近代社会と「子どもの発見」

（1）ルネサンスと新たな時代・社会

　古代，中世に続く近世・近代は，広義には同義的にとらえられる一方，狭義には，ルネサンスから絶対王政期までを近世，市民社会成立以降を近代として区別するといった捉え方もあるが，いずれにせよ，中世から近世・近代に至る過渡期において，西洋社会は重要な変革を経験する。その第一は，人間性に基づく世俗的世界観を重視する人文主義*10にたち，古代ギリシャ・ローマ文化の復興・再生と新たな文化の創成を目指した運動として展開されたルネサンスである。これは，芸術・思想上にとどまらない，西洋社会における画期的・革新的で，きわめて重要な文化運動であった。イタリアのレオナルド・ダ・ヴィンチ（Leonardo da Vinci：1452-1519）はルネサンスを代表する万能型知識人といえよう。いま一つは，宗教改革である。1517年に「九十五カ条の論題」を発表し，救いを行いでなく聖書を基とする信仰のみによると説いたルター*11（Luther,M.：1483-1546）などによる運動は，教育にも影響を及ぼす西洋社会の一大転換であった。

　また，15〜17世紀にかけては大航海時代といわれるが，西洋社会の拡大を可能とした背景に，中世までの教権にとって代わる君主政やそれに続く絶対王政といった世俗権力の台頭，新たな自然哲学や科学思想の発展があった。先に，中世においては，キリスト教的価値観による人々への教化という点にふれたが，西洋近世が展開される過程で，改めて一般的な人間を視野に入れ，これまでの第一身分の聖職者と第二身分の貴族に伍する存在として，第三身分としての平民が位置付けられるようになる。それを，哲学的思想的に検討した一人が，『方法序説』を著した近世哲学の祖とされるデカルト（Descartes,R.：1596-1650）である。彼は，大陸合理論の立場から，真理の新たな基準を「明晰判明」とし，方法的懐疑により，『方法序説』において，疑い得ない確実な真理としての「考える自己」を，「わたしは考える，ゆえにわたしは存在する〔ワレ惟ウ，故ニワレ在リ〕」5)とした。少し時をさかのぼるが，イギリスのベーコン（Bacon,F.：1561-1626）が，「知は力なり」という考えのもとに，『ノヴム・オルガヌム』などを著し，経験論の先駆者として活躍していた*12。

（2）新たな社会における教育と子どもへの意識

　新たな社会階層や理性知が登場する中にあって，近世・近代は，子どもとい

*10　人文主義
　ルネサンス期の代表的知的潮流であり，『随想録』を著したフランスのモンテーニュ（1533-1592）などがいる。『(痴)愚神礼讃』で有名なオランダのエラスムス（1466?-1536）はキリスト教人文主義に立ち，伝統的教育を批判し，『学習法論』『幼児教育論』などを残した。ヒューマニズム。

*11　ルター
　『ドイツ各都市の市長ならびに市の参事会員にあてて，キリスト教学校を設立し，維持すべきこと』などの著作がある。

*12　『ノヴム・オルガヌム（新機関）』（桂寿一訳，岩波文庫，1978，p.70）には「人間の知識と力とは一つに合一する」とある。

41

*13　三十年戦争

　ドイツを舞台に，ハプスブルク・ブルボン家の国際的対立とプロテスタント・カトリック諸侯間の対立によりヨーロッパ諸国が巻き込まれた。

*14　コメニウスについては第5章2参照。

*15　ロックについては第5章3参照。

*16　ルソーについては第5章5参照。なお「子どもの発見」については第3章1のアリエスなども参照。

*17　ペスタロッチについては第5章6参照。

*18　フレーベルについては第5章7参照。

*19　汎愛派

　18世紀中頃から19世紀前半にかけてドイツで活動した教育者集団。ザルツマンは，汎愛学院で教師を務め，『カニの小本』『アリの小本』といった著作を残し，グーツムーツは，ザルツマンの汎愛学校で体育指導を行い，近代学校体育の基礎を築いた。

う存在やそれに関わる教育の重要性を，改めて認める時代でもあった。デカルトとほぼ同じ時代を，また三十年戦争（1618-1648）*13を経験した教授学・近代教育学の祖とされるチェコ西部ボヘミアの神学者・教育思想家コメニウス（Comenius, J. A.：1592-1670）は，自然と人間と神についてのすべてを統一的普遍的な知識の体系においてまとめようとする汎知学にたち，あらゆる人を対象にあらゆる事柄を教えるための体系的な教授法の書である『大教授学』や，世界で初めての絵入り教科書である『世界図絵』を著した。彼は，広範な戦争による荒廃の中で，何よりも「子どもたち」に向けての教育を世に問うたことが評価される*14。

　イギリスの哲学者，政治思想家であるロックが出版した『教育に関する（若干の）考察』は，経験論的な認識論に伴う「白紙説」にたち，鞭が支配する因習的な教育を否定し，いわゆる紳士教育を目指すべく，改めて子どもの育ちを考えるものであった*15。

　教育を論じた『エミール』で知られるところのルソーは，いわゆる「消極的な教育」を説く。すなわち教育においても，親や教師は子どもを自然の発育にまかせ，ただ外部からの悪い影響を防ぐことを大切にすることだと説き，子どもとしての存在を認めることの重要性を唱えた。こうしたことからルソーは，「子どもの発見者」という評価を受けているが，発達への考察を含めて子どもを考察するようになったことも，この時代の特色であった*16。

　孤児・貧児をはじめとする民衆救済を記した『シュタンツ便り』で知られるスイスの教育家ペスタロッチは，『隠者の夕暮』において高貴な人間性の意義を指摘し，『ゲルトルート児童教育法』などを通して，子どもを意識した教授法の考案や教育実践を展開した*17。

　また，『人間の教育』を著し，「さあ，子どもに生きようではないか！」という言葉を好んだとされるフレーベル（Fröbel, F. W. A.：1782-1852）は，特に幼児期にある子どもを意識して，「恩物」と呼ばれる独自の教育遊具を考案し，世界初の幼稚園「一般ドイツ幼稚園」（Kindergarten）を創設（1840）した*18。

　ルソーをはじめとする多くの教育思想家の影響は多岐にわたり，20世紀に向けて，徹底した児童中心主義にたつ新たな新教育運動が展開される。例えば18世紀のドイツにおいては，人類愛に基づき，愛護的に児童の教育を考える汎愛派*19が現れた。汎愛学院を創設し，子どもの自由や発達段階と生活経験を尊重する教育活動を行ったバゼドウ（Basedow, J. B.：1724-1790）のほか，ザルツマン（Salzmann, C. G.：1744-1811）やグーツムーツ（GutsMuths, J. C. F.：1759-1839）も同じく汎愛派に位置付けられる教育家といえよう。

　20世紀初期にルソーの系譜にたつスウェーデンの女性教育家であるエレン・

ケイは，1900年に刊行した『児童の世紀』の中で「教育の最大の秘訣は教育しないことである」と述べ，新教育運動の重要な推進者となった[20]。

　また，この時代には障害児に対する教育意識の変容がみられる。例えば，18世紀後半，軍医イタール（Itard,J.：1774-1838）が行った，いわゆるアヴェロンの野生児との関わりは有名である。このような幼児教育や障害児教育への意識は，時代を下って，イタリアにおいて女性初の医学博士の学位を得たモンテッソーリなどへと連なるといえよう。彼女は，医師として，当初は障害のある幼児のための教育方法を考察していたが，後にこれを健常児にも適用しうる教育方法や教具を考案した。ローマに「子どもの家」を設立，『モンテッソーリ・メソッド』を著すなど，子どもを意識した教育の分野で大きな業績を残した[6]。

4　近世・近代公教育の整備と発展

（1）市民革命・産業革命と市民の啓蒙

　近世・近代における教育を考えるうえで大切なのは，近代市民社会において教育が重要な社会的機能として位置付けられるようになったことであろう。

　近代に入り，社会そのものも大きな変革をみせた。イギリスにおいて人民の自由と議会の権利の擁護については，中世における1215年の「マグナ・カルタ」[21]など古来の慣習が根付いていたが，1642年のピューリタン（清教徒）革命や1688～1689年の名誉革命といった市民革命を実現させた[22]。フランスにおいてはフランス革命が起こり，その約百年後の第三共和制ではフランス革命の理念の制度的実現をみる。近代における教育の特質は，市民革命による市民社会の到来に対応した教育を創出することへの意識を高めたことであった。

　また1760年代のイギリスに始まった産業革命は，1830年代以降，本格的にヨーロッパ諸国に波及していく。産業革命により，手工業的な作業場に代わって機械設備による大工場が成立し，社会構造の根本的な変化がみられた。それに伴い，新たな大衆や労働力の育成という教育や環境を考えた教育の必要性が高まった。多人数を対象とする教育が求められる中，イギリスの教育家，ベル（Bell,A.：1753-1832）とランカスター（Lancaster,J.：1778-1838）がほぼ同時期に考案した助教法[23]，人間形成のうえでの環境を重視し，人道主義にたった「新社会観」に基づく「性格形成論」を展開したイギリスのオーウェン（Owen,R.：1771-1858）らがいる[24]。

　この時期においては，教育に関して国家や社会が，あらゆる子どもを対象に

＊20　エレン・ケイについては第5章8参照。

＊21　マグナ・カルタ
　封建貴族が対プランタジネット朝のジョン王（1167-1216）へ権利を主張した。

＊22　イギリス市民革命
　ピューリタン（清教徒）革命の契機となった「権利の請願」（1628年）や議会主権を明確にした「権利の宣言」（1689年）の成文化である「権利の章典」（1689年）などを通して名誉革命が実現された。

＊23　助教法
　「ベル・ランカスター法」（モニトリアル・システム）とも呼ばれる。これは一斉・画一的教授を可能とする方法であった。

＊24　オーウェン
　ニュー・ラナークに性格形成学院を設立した。

百科全書の表紙
百科全書は，1751年から20年以上をかけてフランスで編纂された大規模な百科事典。

*25　カントについては第5章4参照。

しようとする動きがみられる。先にみたコメニウスは，あらゆる人を対象とする教育を意識していたが，ドイツの観念論哲学者であるカントは，「人間性」に基づいて生きる存在である人間にとって，教育は人間の本質に根ざした営みであるとするなど，改めて近代社会における教育のあり方が示されるようになった*25。

　近代に入ると，旧弊を打破しようとする合理的革新思想がいっそうの広まりをみせる。すでにイギリス経験論のロックやヒューム（Hume,D.：1711-1776）にも認められるが，特にこの時代，人間の理性への期待の下，人間生活の進歩改善が意識された。なかでも啓蒙思想の高まりをみせるのがフランスやドイツであった。18世紀のフランスにおいては，ディドロ（Diderot,D.：1713-1784）とダランベール（d'Alembert,J.L.R.：1717-1783）の共同監修による『百科全書』が刊行される。これは，合理主義・自由主義・個人主義といった近代的原理にたち，執筆者百余名を動員して，同時代の諸科学・芸術・技術の全知識を集成することで国民の啓蒙を推進しようとする一大プロジェクトであった。中世以来，神聖ローマ帝国として歴史を刻んできたドイツは，この時期プロイセンを中心としてドイツ民族を統合した国家建設を図るが，特に大王と称されたフリードリヒ2世（Friedrich Ⅱ：1712-1786）は文化芸術をも重視し，啓蒙専制君主として，ドイツ民族統合へと導いていた。

（2）近代社会と公教育

　近代国家が制度として教育を公的に整備させていった点は重要である。ドイツでは，フリードリヒ2世により，1763年に初等教育関係の法令である「一般地方学事通則」が出されたが，ナポレオン占領下のベルリンで，フィヒテ（Fichte,J.G.：1762-1814）が行った講演「ドイツ国民に告ぐ」では，「新しい自己〔独立〕と新しい時代とを創造する手段としての，新しい世界が実現されなければならない」[7]とあり，国家主導による教育の充実が意識された。またフランス革命における立法議会で公教育委員会議長を務めたコンドルセ侯爵（marquis de Condorcet：1743-1794）は，「公教育は国民に対する社会の義務である」とし，教育の自由や機会均等という原則にたつ国民教育制度構想を示し

た[8]。このように，公教育の理念が具体的な国家的制度として，世俗性による無償制・義務制を実現させていった。

　イギリスにおいては，1870年の初等教育法いわゆるフォスター法によって，民間団体による学校のほかに，公立の小学校を設け，1876年には10歳までの義務就学を実施するなど，公教育体制の確立をみる。1900年代に入ると，教育行政の責任と権限に関するバルフォア法（1902年），14歳までの義務就学や公立小学校の無償制を規定したフィッシャー法（1918年），教育省による第二次世界大戦後の学校教育体制を確立したバトラー法（1944年）を経て，いっそうの整備が進められていく*26。国による差異はあるものの公教育は，制度として，世俗性にたち，無償制・義務制を整備・発展をさせていく。

　新たな社会において教育を考えるという流れは，様々な形で近代における教育の発展につながったともいえよう。例えば，教育が学問として体系的に整備されていったのもその1つである。いわゆる「教授段階論」を説き，明治中期から後期にかけて，日本の教育にも影響を与えたドイツのヘルバルト（Herbart, J.F. : 1776-1841）は，「私は科学と思考力を教育者に要求してきた」[9]として，教育の目的を倫理学に求め，方法を心理学におくことで，初めて体系的教育学を確立したとされる*27。

　また，フランス第三共和政期にあって，『道徳教育論』で市民社会における道徳のあり方を提示したデュルケーム（Durkheim, É. : 1858-1917）は，『教育と社会学』の中で教育は「未成年者の体系的社会化」[10]と指摘するが，彼の考えには，価値選択における主体的能力を育成することの重要性が意識されていた。

5　20世紀以降の教育

（1）アメリカにおける教育

　20世紀以降の教育を考えるに当たっては，これまでの確認をふまえながら，まずはアメリカの教育の歴史を概観したい。アメリカは，1776年に独立宣言を行い，19世紀に入ると，南北戦争（1861-1865年）や1869年の大陸横断鉄道完成などを経て，近代市民社会・資本主義社会を発展させ，第一次および第二次世界大戦の戦勝国として，世界を主導する地位にあった。

　先に近代社会における「子どもの発見」とそれに連なる世界的な新教育運動をみたが，アメリカではヨーロッパの影響を受けつつ，いわゆる進歩主義教育として展開された。源流は19世紀のエマーソン（Emerson, R.W. : 1803-1882）あ

*26　フランスの場合，革命期の教育改革後，1806年と1808年法令のナポレオン学制，初等学校の設置義務や国庫補助の制度化を図った1883年のギゾー法を経て，第三共和政期に首相・公教育相として制定に貢献した，フェリー（Ferry, J.F. C. : 1832-1893）による1881年・1882年教育法や1886年のゴブレ法により，公教育の制度が整えられていく。

*27　ヘルバルトの段階教授
　ヘルバルトの4段階教授（明瞭・連合・系統・方法）に対し，ヘルバルト派のツィラーは分析・総合・連合・系統・方法，ラインは予備・提示・連結・総括・応用の5段階教授をとった。

たりに認められる。詩人の彼はドイツ観念論・カント哲学精神をアメリカに移入した思想家でもあり，いわゆる超絶主義にたち，児童尊重思想を唱えた。ニューヨーク州オスウィーゴー師範学校に始まる実物教授を中心としたオスウィーゴー運動の指導者シェルドン（Sheldon, E. A.：1823-1897）はペスタロッチ主義教育運動を，進歩主義教育運動の父とされるパーカー（Parker, F. W.：1837-1902）は，マサチューセッツ州クィンシーの教育長として，ペスタロッチやフレーベルらの教育思想に基づきクィンシー運動を展開した。

　パーカーの影響も受けながら，アメリカの教育史に大きな足跡を残したのがデューイ（Dewey, J.：1859-1952）である。アメリカの代表的プラグマティズムの思想家に位置付けられ，知識や価値を行動と関わらせたうえで有用性を重視した道具主義・実験主義にたち，教育における基底を児童に置いていた。また，学校を社会的生活経験の場とする彼の考えは，単なる子どもの重視にとどまらず，デューイ・スクールと呼ばれるシカゴ大学附属実験学校等において，「なすことによって学ぶ」という考えに立ち問題解決学習を展開した[*28]。

＊28　デューイについては第5章9参照。

　デューイに学んだアメリカの進歩主義教育の代表的な理論的指導者の一人がキルパトリック（Kilpatrick, W. H.：1871-1965）である。彼の問題解決的経験学習方式であるプロジェクト・メソッド（構案法）は，学習とは，社会的環境の中で展開される営為であるという考えに立ち，全精神を打ち込んだ目的ある教育的活動としてプロジェクトを組織した[*29]。このようなアメリカにおける子どもを中心とする考えは，20世紀前半以降，進歩主義教育協会などにより広がっていったのであった。

＊29　プロジェクト・メソッド

　プロジェクトを，①目的設定，②計画立案，③実行，④評価，の手順で実施する過程で人格形成をも行おうとした。

　一方，「公教育」に関しては，アメリカにおいても教育における社会的側面への意識が早くからみてとれる。19世紀前半には，アメリカの「公立学校の父」といわれる教育行政家のマン（Mann, H.：1796-1859）が，「わが国の各地においては，多くの聡明にしてかつ愛国心に富んだ人々が，それぞれの州の基本法の一部として，無月謝学校制度を採択しようとして，民衆教育の問題を熱心に考慮している」[11]として，マサチューセッツ州の世俗的公立学校制度を確立した。先の進歩主義教育は，子どもを重視する視点にたちながらも，その後，社会改革を意識した立場から，例えばエッセンシャリストと呼ばれる本質主義者による基礎科目の系統的教授の重視などを求められながら展開をみせる。その意味では，子どもを重視しつつも，教育における社会的側面のあり方を模索したのは，アメリカの1つの特徴といえよう。

　20世紀初めには，モンテッソーリなどの影響を受けた教育者パーカースト（Parkhurst, H.：1887-1973）が，マサチューセッツ州ドルトンで，学習の個別化を意識したドルトン・プランを展開したが，主要教科群と副次的教科群に分け

られた学びの原理には，生徒と教師との間の学習割り当て契約という自由とともに共同の意識が認められた[*30]。ウォシュバーン（Washburne,C.W.：1889-1968）は，イリノイ州ウィネトカの公立中学校で，進歩主義の流れをくむウィネトカ・プランを展開し，教育課程において，個別的学習に基づく共通必修教科とともに，集団的創造的活動を重視した。1930年代の社会的危機に対応して，ヴァージニア州教育委員会が策定した小・中学校の学習指導要領にヴァージニア・プランがあるが，この代表的なコア・カリキュラムは，児童生徒の興味や関心とともに，生活の主要な社会的機能もふまえて教育課程を編成するものであった[*31]。

（2）今日につながる教育の動き

　アメリカにおける教育では，心理学の発達とも関わって，教育内容の現代化が展開されたことも重要である。1957年のスプートニク・ショック[*32]によるウッズホール会議の議論をまとめたブルーナー（Bruner,J.S.：1915-2016）は，学問の本質としての構造を，学習過程を重視するなかで発見させる「発見学習」を唱え，『教育の過程』を著した（p.103参照）。また，「教育目標のタキソノミー」という形で，教育目標を認知的・情緒的・運動技能的領域に分類し，診断的・総括的評価と合わせて，特に形成的評価を重視することにより「完全習得学習」（マスタリーラーニング）を主張したブルーム（Bloom,B.S.：1913-1999）も重要である。教育制度としては，1958年の国防教育法は，科学技術競争に対応する教育分野への国家の強い関わりを意識した代表的なものであった。

　現代につながる重要な教育論が展開されたという点では，ドイツについても確認しておきたい。『社会的教育学』を著したナトルプ（Natorp,P.G.：1854-1924）は，教育は社会なしに存立しえないとしたほか，『労作学校の概念』や『公民教育の概念』を著したケルシェンシュタイナー（Kerschensteiner,G.M.A.：1854-1932）は，書物中心の学校に代わる労働中心の学校を位置付け，新たに公民教育のあり方を考えた。大学附属の実験学校でいわゆる「イエナ・プラン」に取り組んだペーターゼン（Petersen,P.：1884-1952）は，異年齢の子どもたちによる学級集団の生活を通じて子どもたちの社会性が育まれると考えた。『生の諸形式』を著したシュプランガー（Spranger,E.：1882-1963）は，価値による人間の類型を考える文化教育学にたつ教育論を，また，ボルノー（Bollnow,O.F.：1903-1991）は，「生の哲学」などにたって，「教育的雰囲気」の重視といった教育論を唱えた[*33]。これらは，今日の学校や教育の本質的なあり方を考えるうえで重要である。

*30　ドルトン・プランでの割り当て契約は，アサインメントと呼ばれる。

*31　教育課程については第9章参照。

*32　スプートニク・ショック
　共産主義圏による人工衛星打ち上げ成功のことを指す。共産主義圏の教育者には，ロシア革命指導者レーニン夫人のクループスカヤ（Krupskaya,N.K.：1869-1939）などがいる。

*33　ボルノーは，その教育論を提唱するうえで，ハイデッガー（Heidegger,M.：1889-1976）の実存哲学，また，ディルタイ（Dilthey,W.C.L.：1833-1911）の了解心理学や哲学的解釈学，サルトル（Sartre,J.P.C.A.：1905-1980）の実存主義に向き合った。

さらに20世紀には，教育を狭い学校教育という枠組みで捉えるのではなく，新たな教育的視座を示す様々な動きがみられることも重要視したい。

例えば，イギリスにおける新教育運動の流れをくむ教育思想家・実践家であるニイル（Neill,A.S.：1883-1973）は，サマーヒル学園を設立し，徹底した自由を尊重する教育を展開した。その考えは，現在のフリー・スクールなどにもつながるといえよう。

また，フランスにおける新教育の流れをくむ教育者フレネ（Freinet,C.：1896-1966）は，子どもの興味を中心にした，生活に基づく学習を重視する。文字や言語について独自の教材を考えるなど，これまでの公立学校等における，教科書をベースとする教授的な教育に改革を迫った。

ベルギーにおいては，新教育運動の流れをくむドクロリ（Decroly,J.O.：1871-1932）が，生活を根底にした学校における教育開発・実践（ドクロリ法）を行った。

「人智学」*34を唱えるクロアチア生まれのシュタイナー（Steiner,R.：1861-1925）は，オーストリアやドイツで活動したが，彼の教育論は，現代においても，シュタイナー学校と呼ばれる教育実践によって世界に影響を及ぼしている。

これまでの学校教育に依拠する教育から一線を画すという点では，オーストリアに生まれ，現代の世界における社会や文明に対して鋭い批判を行ったイリイチ（Illich,I.：1926-2002）は『脱学校論』の中で，「生徒は教授されることと学習することを混同する」ようになると指摘し[12]，人々の本来的な学びという教育の本質を考えるうえで一石を投じた*35

＊34　人智学

Anthroposophieの訳語。シュタイナーは，人間の心身の変容を理解し，教育を芸術に基づき考える。

＊35　脱学校論

英語のdeschoolingに当たる概念で，制度としての学校において教えられ学ばされる，というあり方から，自らの学びを取り戻すための考え。またイリイチが代替案として構想するラーニング・ウェブなる考えは，「生涯学習」を含めて，教育を考えるうえで，示唆に富むといえよう。なお，生涯学習については第2章参照。

●演習課題

課題1：教育についての本を読み，興味をもったことについて調べてみよう。

課題2：キルパトリックに関して，あなたの"プロジェクト"を考えてみよう。

課題3：今日，教育の歴史から学ぶ意味について話し合ってみよう。

●引用文献

1）プラトン（藤沢令夫訳）『国家（下）』岩波書店，1979，pp.94-101.
2）アリストテレス（出隆訳）『形而上学（上）』岩波書店，1959，p.21.
3）聖アウグスティヌス（服部英次郎訳）『告白（上）』岩波書店，1976，p.5.
4）デュルケーム（小関藤一郎訳）『フランス教育思想史・上』行路社，1966，pp.168-172.
5）デカルト（谷川多佳子訳）『方法序説』岩波書店，1997，p.46.
6）モンテッソーリ（阿部真美子・白川蓉子訳）『モンテッソーリ・メソッド』明治図書，1974.
7）フィヒテ（椎名萬吉訳）『ドイツ国民教育論』明治図書，1970，p.11.
8）コンドルセ（松島鈞訳）『公教育の原理』明治図書，1968，p.9.
9）ヘルバルト（三枝孝弘訳）『一般教育学』明治図書，1969，p.17.
10）E.デュルケーム（佐々木交賢訳）『教育と社会学』誠信書房，1982，p.59
11）ホレース・マン（久保義三訳）『民衆教育論』明治図書，1960，p.9.
12）I.イリッチ（東洋・小澤周三訳）『脱学校の社会』東京創元社，2000，p.13.

●参考文献

ウィリアム・H・マクニール（増田義郎・佐々木昭夫訳）『世界史（上）（下）』中央公論社，2008.
G・K・チェスタトン（生地竹郎訳）『聖トマス・アクィナス』筑摩書房，2023.
ベーコン（桂寿一訳）『ノヴム・オルガヌム 新機関』岩波書店，1978.
J.A.コメニウス（井ノ口淳三訳）『世界図絵』平凡社，1995.
オーエン（斎藤新治訳）『性格形成論』明治図書，1974.
ロック（服部知文訳）『教育に関する考察』岩波書店，1967.
ルソー（今野一雄訳）『エミール（上）（中）（下）』岩波書店，1962.
ペスタロッチ（長田新訳）『隠者の夕暮・シュタンツだより』岩波書店，1993.
フレーベル（荒井武訳）『人間の教育（上）（下）』岩波書店，1964.
エレン・ケイ（小野寺信・小野寺百合子訳）『児童の世紀』冨山房，1979.
デューイ（宮原誠一訳）『学校と社会』岩波書店，1957.
ジョン・デューイ（市村尚久訳）『経験と教育』講談社，2004.

✂ コラム　　　教育の歴史に学ぶ

　イギリスの軍事評論家リデル－ハート（Liddell-Hart,B.H.：1895-1970）の『戦略論』に，ドイツ帝国成立に尽力し「鉄血宰相」と呼ばれたビスマルク（Bismarck-Schönhausen,O.E.L.：1815-1898）の言葉「愚者は経験に学ぶ，賢者は歴史に学ぶ」を引用した記述があります。後半部は，原文的に，"他人の経験 Erfahrungen anderer から学ぶ"のほうが近いようですが，自他の経験を含め，そこに「時」という軸も加わり，様々な知が集まった「歴史」から学ぶことは，たくさんありそうです。具体的，本質的など多くの面で課題を抱えている現在の教育についても然りです。考える1つの手がかりを，西洋における教育の歴史に探ってみる意味はあるのではないでしょうか。

第5章 西洋の教育の歴史と思想Ⅱ

本章では，西洋の教育の歴史において特に時代や社会を代表し，さらに今日の教育を考えるうえで重要な９人の教育家―古代のプラトン，近世のコメニウス，近代のロック，カント，ルソー，ペスタロッチ，フレーベル，エレン・ケイ，デューイ―を取り上げ，彼らの教育における基本的な立場や考えを略述し，教育史における意義を考察する。

1　プラトン（古代ギリシア・哲学者）

　プラトン[*1]は，師ソクラテスなどから影響を受け，学園「アカデメイア」（紀元後529年，東ローマ皇帝ユスティニアヌスによって閉鎖）を創立した。その名は，今日の研究教育団体の名称にも連なっている。

　プラトンの基本的な立場はイデア論である。イデア論は，人間の認識の基底に，超越的な真実在すなわち完全な真実の存在を認め，それを不完全ともいえる現実世界に対置させる。当時のソフィストたちが，主観的な相対主義的知識を主張するなかで，絶対的な真理を認め，求めたといえよう。

　プラトンの教育的な意義を考えるうえで重要なのは，師・ソクラテスから学んだ主知主義的な知徳合一の考えや対話や問答を通してのイデアの理解である。『ソクラテスの弁明』や，「最も尊重しなければならぬのは生きることではなくて，善く生きることだ」とする師の生き方を示した『クリトン』は，プラトンがより本質的にいかに生きるかを考えたものとして重要である[1)]。

　また，『国家』第７巻にある「洞窟の比喩」は，プラトンが教育の重要性を唱えるものとして重要である。そこでは，「子どもの頃から手足も首も縛られていて動くこともできない」「地下の洞窟に棲んでいる人々」の様子が描かれ，人々は，目指すべき絶対的な真理を，表面的な現実にとらわれることなく，「無教育」に対置される「教育」によって理解しなければならない，とする考

＊1　プラトン

　王族の子どもとして生まれた。代表的著作は，『ソクラテスの弁明』や『クリトン』，『国家』など。

　『国家』では，理想的哲学者が政治を執ることにより国家が救済されることを考える哲人政治が展開される。

　『ソクラテスの弁明』では，死刑を宣告されたソクラテスが，自ら毒杯を仰ぎ，「悪法もまた法なり」として刑死した際の，彼の主張を対話的に論じた。

＊2　コメニウス
　プロテスタントの家庭に生まれた。代表的著作は，『大教授学』（1657）や『世界図絵』（1658）など。
　『大教授学』は，当初のチェコ語が，当時の知識人の国際的共通語であるラテン語に改められた。1657年刊に出版された『教授学著作全集』に収められた。

＊3　第17章「教授と学習との平易をえる諸基礎」として「十箇」あり，その1つ「青少年の教育が楽に進むことが，明らかになる」には，「Ⅰ. 精神が破滅しないうちに早くから教育を始める場合」など4つある。

＊4　ロック
　事務弁護士・書記を職とする父親および母親のもとに生まれた。代表的著作は，『人間悟性論』，『統治二論』（『市民政府（二）論』），『教育に関する（若干の）考察』など。

えは，現在においても意味を有するといえよう[2)]。

2　コメニウス（チェコ・宗教家・教育家）

　コメニウス[＊2]は，17世紀前半の三十年戦争によるボヘミア地方の宗教弾圧の経験を基として，宣教者・教育者として活躍した。

　コメニウスの基本的な立場は，汎知主義とそれに基づく教育への期待にあった。近世・近代が始まり，イギリス経験論の先駆者ベーコンや近代哲学の父とされるフランスのデカルトらとほぼ時代を同じくする中，コメニウスは戦争による荒廃の立て直しや新たな時代における教育の重要性を意識した。

　コメニウスの教育的な意義は，汎知主義に立ち，組織的な学校教育を重視したことである。彼の思想は，事物主義にとどまらず，自然主義や感覚主義を包含するものであり，単なる集積された知識の学びではない，世界の全体像を理解することの重要性がみてとれる。

　著作である『大教授学』の副題は「あらゆる人にあらゆる事柄を教授する・普遍的な技法を提示する」であり，全33章[＊3]にわたり「教授技術の重要性」が述べられる[3)]。世界最初の教科書とされる『世界図絵』では，「神」から「最後の審判」までの計150のテーマに関して関連事物を含めた体系的な知識が示され，それらを学ぶため，視覚をはじめとする感覚をも重視した教育が意識されていた。また『世界図絵』は，教育書といわれるものの中で，早くにいわゆる"子ども"を対象として編纂されたものでもあったことも興味深い[4)]。

　彼の考える知識は，国家や社会を越えた世界の平和の実現のための，人類共通の陶冶財ともいうべきものであり，彼の思想は，その後，幼児教育や言語教育，視聴覚などの感覚教育や生涯教育といった領域へ多大な影響を与えた。

3　ロック（イギリス・哲学者・政治思想家）

　ロック[＊4]は，哲学者，政治思想家，教育家として，経験論哲学・近代認識論や，社会契約説にたつ政治哲学，そして教育について論じた。ロックの生きた時代には，ピューリタン（清教徒）革命や名誉革命などの市民革命が起きた。名誉革命においては，ロックの政治思想が関わっている。ロックの基本的な立場は，新たな近代という時代における市民社会のための思想を確立することであった。

　いま一つは，イギリス経験論*6である。一切の観念は
人の感覚的経験から生じるとして，生得観念を否定する経
験論の流れをくむロックは，経験論的認識論により人間に
おける白紙説（タブラ・ラーサ）を唱える。ロックが意識
したのはこの時代に台頭する商工業を主導する市民階級で
あり，それは政治思想にとどまらず，新たな時代社会を担
うとされる，いわゆる「紳士」に関する教育でもあった。

ロック

　ロックの教育的な意義を考えるうえで重要なのは，友人紳士の子息の教育を
助言した書簡体の『教育に関する（若干の）考察』である。冒頭の「健全なる
精神は健全なる身体に宿る」は，ロックによれば「この世における幸福な状態
の，手短ではありますが意をつくした表現」とされる[5]。そこでは，幼児教育
や家庭教師を意識した，いわゆる家庭教育の重視や体罰などを否定し，早くか
ら自然を意識した教育の重要性が述べられる。また，紳士に必要な性格形成の
意義が述べられ，分別，育ち，知識にまさる徳育の重要性が主張される。

　考えの基底には，先の経験論的認識論による白紙説があった。『教育に関す
る（若干の）考察』の「結論」では，紳士の息子について「白紙，あるいは好
きなように型に入れ，形の与えられる蜜蝋」[6]と考えた。ここには，人間精神
には，いかなる生得観念もなくあらゆる知識は経験に由来するとする経験論の
原理に基づく，彼の教育に対する考えが集約されている。ロックの教育論は，
その後，18世紀の西洋における啓蒙主義に受け継がれ，教育における可能性
や環境あるいは感覚の重視につながっていった。

4　カント（ドイツ・哲学者）

　カント*6は生涯独身をとおし，厳格な性格でもって
人生を送り，主に哲学者として活躍，批判哲学や哲学以
外の担当講義であった教育学について論じた。

　カントの考えの基本的な立場は，既存哲学への批判
（いわゆる批判哲学）であった。神によって等しく分け与
えられた理性により正しい認識が可能とする大陸合理論
と，人間の認識と経験に絶対的に依拠するイギリス経験

カント

論の統合を図り，新たにドイツ批判哲学*7を打ち立てたのであった。こうし
た批判哲学に基づくカントの観念論哲学は，これまでの，認識が対象に従うと
いうものではなく，認識によって規定された現象を対象と考えるものであっ
た。この，対象が我々の認識の下に置かれるという考えは，いわゆる「現象

＊5　経験論
　自然に対する正しい
認識を通して，自然を
人間の内に置こうとす
るもの。先入見とイド
ラ（偶像）すなわち謬
見（びゅうけん）の排
除が意識され，経験す
なわち観察や実験が重
視される。

＊6　カント
　ルター派を信仰して
いた馬具職人の父親
と，賢明で敬虔な，そ
して慈愛に満ちた母親
のもとに生まれた。代
表的著作は，主著とさ
れる『純粋理性批判』
(1781)，『実践理性批
判』(1788)，『判断力
批判』(1790)，『教育
学講義』(1803) など。

＊7　ドイツ批判哲学
　カントは，合理論に
対しては，理性や知識
に依ることで独断的で
あることを批判し，経
験論に対しては，普遍
的な理論を否定する懐
疑的な側面を批判す
る。

界」においては，人間が理性的に認識することを可能とするというもの，すなわち人間が対象に対して主体的であることを示すものである。

　カントの教育的な意義を考えるうえで，留意すべきなのは『教育学講義』である。そこには，「人間とは教育されねばならない唯一の被造物であります」，また「人間は教育によってはじめて人間となることができます」とある[7]。ここには，教育が人間にとって本質的な営為であることが示されている。

　また，カントの考えは道徳教育を考えるうえでも重要である*8。すなわち，カントの主張する「意志の自律性」の意義についてである。『実践理性批判』に道徳法則の根本原理を示す「君の意志の格率が，いつでも同時に普遍的立法の原理として妥当するように行為せよ」がある[8]。いわゆる「定言命法」であり，誰においても，いつ，どこでも妥当しうる普遍的な道徳のあり方を示している。その際に大切なのは，意志が自律的であることであり，それは意志の絶対的な自由において成り立つものであった。カントの意志の自律は，理性がたてた道徳法則に自発的に従うことであるが，それは自由に基づく意志の自律であり，そうしたもとで行為することに人間としての人格の尊厳をみるのである。

5　ルソー（フランス：生まれはジュネーヴ・思想家）

　ルソー*9は，主にフランスにおいて活躍し社会理論や教育について論じた。ルソーの基本的な視座は，近代市民社会形成期における人間の悩みへの洞察にあった。『人間不平等起源論』や『社会契約論』*10では社会の現状を批判し，その意味では学問や理性に依拠して人間社会の進歩を考える当時の啓蒙思想家とは一線を画していた。

ルソー

　ルソーの教育に対する基本的な考えは，『エミール（または教育について）』に示されているといえる。これは，ルソーがエミールという架空の少年を設定し，その誕生から幼年期・青年期，さらにソフィーという女性と結婚し子どもを育てるようになるまでを描いたものである*11。もとより彼の教育論は，『エミール』に限定されるものではないが，そこにみられる教育的意義について，以下のことがあげられよう。

　一つは，教育方法的な意義である。『エミール』冒頭の一文，「万物をつくる者の手をはなれるときすべてはよいものであるが，人間の手にうつるとすべてが悪くなる」[9]には，人間の自然的善を前提とし，外在的な悪しきものを拒むことで子どもの善を確保すべきとする。そして年齢に先んじた知的道徳的教育

を否定する消極教育の考えが示されている。

いま一つは，子どもを大人とは質的に異なった存在として認め，発達の諸段階における固有の意味や最適な教育のあり方を説いたことである。例えば『エミール』は，子どもの発育に応じて，身体や感官，知性を訓練することの意義を説いたことで「子どもの発見」という評価を受けているが，理性年齢前の子どもにおいては感性的原理に基づく教育を主張するなど，徹底した観察に基づく子ども理解の重要性が述べられる。その意味では「子どもの発見者」とも呼ばれ得るものであった。また，自然に従い，人為的な教育を拒否し，子どもの本性を徹底して重視していた。その点では，ルソー自身が用いたわけではない「自然にかえれ」という主張が彼のものとされることがあるのも理解されよう。

ただ，そうした中，「モンモランシーの森」などいくつもの挿入された逸話など，ルソーの教育には根本において子どもの操作可能性が認められることには留意する必要があろう。

6 ペスタロッチ（スイス・教育実践家・教育思想家）

ペスタロッチ[*12]は，ノイホーフの貧民労働学校やシュタンツの孤児院，イヴェルドンの実験学校などで，社会奉仕や教育実践，教員養成といった仕事に関わり，人間の本質を深く問いつつ教育に対して向き合った。

ペスタロッチの基本的な考えは，若い時期に触れたルソーの影響を受けて育んだ，近代市民社会における本質的な人間の意義への関心，それに基づく人々への救済の思いに

ペスタロッチ

あった。『隠者の夕暮』冒頭の「玉座の上にあっても木の葉の屋根の蔭に住まっても同じ人間，その本質からみた人間，一体彼は何であるか」[10]には，人間の本質的な平等性への意識がみてとれる。

ペスタロッチの教育に対する基本的な考えは，『隠者の夕暮』や『リーンハルトとゲルトルート』に示され，彼の教育論は終生にわたって模索された。その特色は，生活主義・開発主義に基づく教育の実践である。人間存在の本質を問う中，人間の活動は生活の必要に基づくものであり，内なる働きを自主的に用いることで人間の本性を自己活動として発展させるというものである。『白鳥の歌』の「あらゆる合自然的な教育の基本的原則，すなわち『生活が陶冶する』という原則」[11]は，日々の生活の中で生活することにより，人間がもって生まれた才能や性質は発達し育っていくことを意味するものといえる。

*12　ペスタロッチ
　幼少期に父を亡くすが，貧しくも信仰心のあつい母親や牧師の祖父に育てられた。代表的著作は，『隠者の夕暮』ほか，恋愛小説の形を取りつつ，子どもの教育について述べた『リーンハルトとゲルトルート』，市民革命の時代の負の側面から自由や人間の平等を意識しつつ，孤児の世話の活動を手紙の形式で書いた『シュタンツ便り』，体系的な教授学の本であることから『ゲルトルート児童教育法』とも呼ばれる『ゲルトルートはいかにその子を教うるか』，自伝また教育論でもある1826年の『白鳥の歌』など。

　　そのための教育実践はペスタロッチにおいて次のように考えられていた。教育の目的は,「頭」つまり知識である知や思考力, 認識を意味するもの,「心(情)」つまり道徳を含む情や意, そして「手」つまり視聴覚をはじめとする身体の働き, という三者の調和的発達を目指す, というものである。また教育における方法原理は, 認識の構成要素である数・形・語（ペスタロッチの言うところの「直観のＡＢＣ」）に基づく直観教授をもとに, 自発活動を通して作業と学習の統合を図るとする考え, すなわち「メトーデ」であった[12]。

7　フレーベル（ドイツ・教育家）

フレーベル

＊13　フレーベル
　ルター派牧師の子として生まれ, 幼少期に母を亡くし, 父親と継母のもと厳しく育てられた。大学を卒業後, チューリッヒ郊外に, ノイホーフと呼ばれる農場や貧民学校を営んだ。代表的著作は, カイルハウ学園時代に著した『人間の教育』(1826)。

＊14　ベルリンでペスタロッチ主義の学校に奉職するなどした後,「一般ドイツ教育舎」と称する学園をカイルハウにて営んだ。カイルハウ学園の衰退などもあり, スイスで過ごした時代を経てドイツに戻った後, 幼児教育へ関わっていく。

　フレーベル[＊13]は, 多くの職に就く中で, ペスタロッチ主義教育にふれる機会をもった[＊14]。1830年代後半に幼児教育への関わりを深め, 1840年には世界で最初の幼稚園である「一般ドイツ幼稚園」を設立した。晩年, 彼の幼稚園教育は過度な革新性をもつと警戒したプロイセン政府から, 無神論という判断がくだされ1851年の幼稚園禁止令を受ける。1860年には幼稚園禁止令が解除されたものの, すでに彼はこの世を去っていた。

　フレーベルの基本的な考えは万有在神論にある。「すべてのもののなかに, 永遠の法則が, 宿り, 働き, かつ支配している」から始まる『人間の教育』には,「この統一者が, 神である。すべてのものは, 神的なものから, 神から生じ, 神的なものによってのみ, 神によってのみ制約される」[13]とある。「神」や「神性」への意識がみてとれよう。

　彼が活躍した19世紀前期は, 均整や調和などを理想とする17世紀の古典主義に対するロマン主義の時代であり, それまでの理性や合理主義などよりも感受性や主観が重んじられた。フレーベルは, 子どもの本質を神的なものと捉え, 発達の連続性においてその本質を不断に育てるべく, 子どもの本質を受容しそれに追随的な教育を主張したといえよう。

　フレーベルの教育に対するいま一つの考えは, 子どもにおける神的なものを, 創造主としての神の考えのもとに育てるべく, いわゆる早期教育ではない適切な幼児教育を重視したことである。そのための教育的な遊具として「恩物」を考案, 製作しその普及に努めただけでなく, 幼稚園教育の担い手としての教員養成に尽力したことも重要である。まさに, 幼児における教育の意味を誰よりも認め, そのための教育機関である幼稚園, そこでの教育に用いられる遊具, そこに携わる教育者の養成にまで思いを馳せたのであった。

フレーベルは幼稚園教育の活動の中心に「遊び」を置く。「遊び」こそ，「幼児の発達つまりこの時期の人間の発達の最高の段階」と考えるからである[14]。彼は子どもの本質に目を向け，教育に関わる内容や空間を子どもの立場で考えた教育者であった。「幼児教育の祖」といわれる理由をみてとれる。

8 エレン・ケイ （スウェーデン・思想家・教育家）

エレン・ケイ

エレン・ケイ[15]は，学校教育をあまり受けていないながらも，学校教員や著作活動を精力的に行い，新しい時代における女性のあり方や新教育運動に影響を与えた。ケイは，ドイツの哲学者ニーチェ（Nietzsche,F.W.：1844-1900）が安易に生きる大衆に対して位置付けた，自らの確固たる意思でもって行動する「超人」としての人間について，教育を通して進歩した存在になりうると考えた[16]。

ケイの教育に対する基本的な考えとしてあげるべきは，ルソーの影響を受け，特にその消極教育思想を重視していたことである。1900年の『児童の世紀』は，来（きた）る20世紀が，子どもの本当の幸せが実現される時代であるべきことを意識したものであり，「ルソーはどこかで，『自然は，親を教育者につくらず，子どもを教育されるようにつくらなかったので，教育はすべて失敗した』と，言った。人々がこの自然の指図に従いはじめ，かつ教育の最大の秘訣は教育をしないところに隠れていると理解しはじめたとしたら，どうなるか考えてもらいたい！」[15]と述べている。また同書の頭書に「すべての親に　新しい世紀に新しい人間を創ろうと願う　すべての親に捧げる」[16]とあるように，教育における親のあり方，特に女性のあり方を意識したものであった。ケイには，望ましい教育を通した子どもの成長を考えるうえで自由な女性のあり方や家庭への意識があったことが認められよう。

9 デューイ（アメリカ・教育家）

デューイ[17]は，中等学校教員を勤めた後，哲学と教育学を研究し，シカゴ大学時代には新設の教育学部に実験学校を付設させ実験的な教育実践に力を入れるなど，コロンビア大学へ異動後も研究や社会活動を展開した。

デューイの考えは，アメリカのプラグマティズム[18]に位置付けられる。プラグマティズムのもつ，真理や理論，知識は本質的に有用で活動的であるべき

*15　エレン・ケイ
　自由主義で急進派政治家の父と，家庭的でありつつもラディカルな考えをもった母のもとに生まれた。女性に関する著作も多いが，『児童の世紀』は代表作の1つである。

*16　ニーチェの『ツァラトゥストラはかく語りき』などにおける超人思想は，ルサンチマンや俗的な価値観を越えた本質的な「力への意思」をもつ根源的生命力ある理想的な人間への意識にたつものであった。

*17　デューイ
　ヴァーモント州に，小売店を営む親のもとに生まれた。代表的著作は『学校と社会』（1899），『民主主義と教育』（1916），『経験と教育』（1938）など。

*18　プラグマティズム
　実用主義・実際主義，道具主義，インストゥルメンタリズム。「行為」や「実践」「事実」などを意味する「プラグマ」に由来し，行為や実践における経験を重視する。

デューイ

とする道具主義的な考えにたち，それらは人間の生活や社会にとって有為なものであるべきとする考えである。デューイは，自由・民主主義が科学や資本主義とともに発展する時代を生きた。彼は，時に矛盾をみせる社会の問題へも関心をもちつつ，教育の理論や実践を考えたといえよう。

　デューイの教育に対する基本的な考えを端的に表したのが，学びにとっての経験の重要性を意味する「行いながら学ぶ（learning by doing）」である。

　デューイは進歩主義教育の意義を認める一人であった。『学校と社会』における次の主張は重要である。デューイは，旧教育に対して新教育の特色を比喩的に「このたびは子どもが太陽となり，その周囲を教育のさまざまな装置が回転することになる。子どもが中心となり，その周りに教育についての装置が組織されることになるのである」と表現した[17]。

　ただデューイは，単に子ども中心主義を主張するのではなく，民主的社会において工業化や科学技術の発展が進む中の子どもの育成を考え，例えば「仕事」のあり方を手がかりにしながら，理想的な教育のあり方を終生考察していた。

●演習課題
課題1：西洋における教育思想家といわれる人について調べてみよう。

課題2：ルソーの著書『エミール』を読み、興味をもった言葉や挿話について
考えてみよう。

課題3：現代の教育課題とかかわる思想家の考えについて話し合ってみよう。

●引用文献

1）プラトン（山本光雄訳）『ソクラテスの弁明』角川書店，1968，p.114.
2）プラトン（藤沢玲夫訳）『国家（下）』岩波書店，1979，pp.93-165.
3）コメニュウス（鈴木秀勇訳）『大教授学1』明治図書，1975，p.13，pp.170-171.
4）J.A.コメニウス（井ノ口淳三訳）『世界図絵』ミネルヴァ書房，1988，pp.220-221，pp.252-253.
5）ロック（服部知文訳）『教育に関する考察』岩波書店，1967，p.14.
6）同上書，p.333.
7）カント（伊勢田耀子訳）『教育学講義』明治図書，1974，p.12，p.15.
8）カント（波多野精一・宮本和吉・篠田英雄訳）『実践理性批判』岩波書店，1979，p.72.
9）ルソー（今野一雄訳）『エミール（上）』岩波書店，1962，p.23.
10）ペスタロッチ（長田新訳）『隠者の夕暮・シュタンツだより』岩波書店，1982
11）ペスタロッチ（佐藤正夫訳）「白鳥の歌」長田新編『ペスタロッチ全集第12巻〔第2版〕』平凡社，1974，p.40.
12）長田新「解題」「メトーデ」長田新編『ペスタロッチ全集第8巻〔第2版〕』，平凡社，1974，pp.229-230.
13）フレーベル（荒井武訳）『人間の教育（上）』岩波書店，1964，p.12.
14）同上書，pp.71-72.
15）エレン・ケイ（小野寺信・小野寺百合子訳）『児童の世紀』冨山房，1979，p.142.
16）同上書，p.2.
17）ジョン・デューイ（市村尚久訳）『学校と社会』講談社，1998，p.96.

●参考文献

春山浩司・三笠乙彦・斎藤新治『ロック―教育論』有斐閣，1979.
フレーベル（荒井武訳）『人間の教育（下）』岩波書店，1964.
ジャン＝ジャック・ルソー（坂倉裕治訳）『人間不平等起源論 付「戦争法原理」』講談社，2016.
ルソー（今野一雄訳）『エミール（中）（下）』岩波書店，1962.
岩崎次男・林信二郎・酒井玲子・白川蓉子・阿部真美子・山口一雄『フレーベル―人間の教育』有斐閣，1979.
デューイ（宮原誠一訳）『学校と社会』岩波書店，1957.
ジョン・デューイ（毛利陽太郎訳）『学校と社会』明治図書，1985.

コラム　　　教育思想を学ぶ楽しさ

　教育について考えることはなかなか難しいものです。教育は，国家や社会のためのものなのか，あるいは子どもを中心に考えるものなのか。そのようなとき，適切な拠り所を見つけられたら，といつも思います。

　「教育の思想とは，『人間と教育』の問題を歴史のなかに問い，人間発達の道筋のなかに問い，人間のあり方を，過去を見すえ，未来に希望を託して，問い続けることだといえよう」と喝破した堀尾輝久氏は，「その施策の糧として，『人間と教育』に関する思想の歴史，数ある古典の読み直しもまた，私たちに，限りない知恵を与えてくれる」としています（「教育思想」『新版 教育学がわかる。』朝日新聞出版，2003，p.31）。

　歴史を概観すると，教育に言及した思想家が非常に多いことがわかります。その中で，想いを寄せることのできるすばらしい先人を見つけられる人は幸せだと思います。

第6章 日本の教育の歴史Ⅰ

日本の教育制度は，1872（明治5）年に公布された学制によって発足する。日本の近代化を推し進めるために学校教育の整備が急がれた。学校制度の整備はまず小学校から始まり，大学，中等学校へと順次整備・充実がなされていった。児童中心主義の影響を受けた大正自由教育期を経て昭和期に入ると，対中戦争，さらに太平洋戦争へと突入し戦争が常態化した時代となり，学校教育も影響を受けることになる。

1 前近代社会の教育

（1）古代・中世の人々の教育

　学校が成立する前の社会では，氏（うじ）という集団によって生活や教育が成り立っており，「通過儀礼」が人々にとって大きな意味をもっていた。645（大化元）年の大化の改新を経て律令制度に基づく国家統治が進められると，その支配を円滑に行うため，優秀な官僚の育成が求められた。貴族には官位（官職と位階）が与えられ，それは律令国家の中での自分自身の位置付けをも表すものともなったため，官職や位階を上昇させることが目指されるようになる。貴族の官僚養成の目的で学校制度が定められた。「学令」という法令の下で中央には大学寮が置かれ，地方の官吏の養成機関としては各国の国府に国学が置かれた。

　平安時代には，有力氏族により一族の学生のための教育施設として，大学別曹が設立された。「別曹」とは，大学寮の付属機関として認定された寄宿舎である[1]。また，古代の学校として，そうした貴族を対象とした学校ではなく，身分にかかわりなく民衆の入学が認められた私立学校として空海が828（天長5）年頃に創設した綜芸種智院（しゅげいしゅちいん）があり，仏教や儒教などが教授された。

　貴族の時代から中世（鎌倉時代，室町時代），近世（江戸時代）は武士の時代と

＊1　代表的なものとしては，藤原氏の勧学院，王氏の奨学院，橘氏の学館院などがあげられる。

なる。中世の武士は，基本的に支配地に住み続ける在地領主であり，封建制のなかで家の存続と所領を守ることが第一とされた。支配する土地も民衆も目の前に在るため，文書による管理を行う必要は低く，教育は家の存続や世代交代のためであり，武士の家ごとになされ，武芸の修練に重きが置かれていた。

（2）江戸時代の教育

　1603（慶長8）年に徳川家康が征夷大将軍に任命され江戸に幕府が置かれてから大政奉還が行われるまで，260年ほど続いた江戸幕府の下では，封建的な支配体制の維持に力が注がれた。武家も庶民も家の格式などの違いによる身分が機能する身分制社会でもあった。身分制社会の下では，教育は身分や家柄ごとにそれぞれの必要に応じた内容や形式で営まれていた。

　江戸時代も兵農分離の政策の下にあったが，これまで在地領主であった武士たちは，主君の下で城下町に集住したため，支配する武士と領地の農民が地理的に分かれて住むこととなり，農村の管理は村の代表である村役人（名主，組頭，百姓代）に委ねられた（村請制）。武士たちは領地の農村を文書によって支配する必要が生じ，城下町と農村では膨大な文書でのやり取りが行われるようになった。武士にとっては，文字は文書作成のための読み書きの習得にとどまらず，教養として重視された儒学の学習でも求められるものであった。農村の管理を委ねられた農村の村役人層，また裕福な町人層では，職業柄文字の習得が必要となることもあり，それぞれの立場で必要な文字の習得がなされた。

　しかし，大多数の農民の生活では文字の読み書きは重視されずに，むしろ農作業などを覚え一人前の働き手となることに重きが置かれていた。農村の共同体社会に属し生きていた人々にとっては，その社会を維持するために必要な労働の知識や技術は，文字によってではなく，長年の経験等を通して身に付けていくものであった。ところが，商品経済が農村にも浸透してくると，身分によらずに，あらゆる階層の人々にとって文字の読み書きの必要性が生じるようになる。江戸時代の中期以降になると，藩校など武家のための教育施設にとどまらず，寺子屋に代表されるような庶民のための教育施設も普及していく。

　幕府が公的に江戸に設けた幕臣（旗本や御家人など）のための学校として昌平坂学問所があり，朱子学が奨励された。また，和学（国学）の研究・教育機関として塙保己一により建てられた和学講談所がある。幕末には，幕府は西洋の学問の翻訳や教育のため洋学所を置き，後に蕃書調書と改称し洋学教育を行った。こうした幕府の学校は幕臣のための学校であり，大名の家臣のための学校としては各藩に藩校*2がつくられた。基本的に儒学が中心に学ばれたが，藩により国学や洋学，武術を教える機能を併せ持つなど藩ごとに様々な教育内

*2　代表的なものに，水戸藩の弘道館，名古屋藩の明倫堂，会津藩の日新館などがある。

容が用意された。

　庶民が読み書きを学んだ場として代表的なものに手習塾（寺子屋）がある。6歳くらいから数年間，手習塾に通い，個々の能力等に応じ読み書きを学んだ。その手本は往来物^{*3}と呼ばれた。また，学者の自宅に入門者たちが集まる形態の塾も開かれた。著名な学者の下には，全国から学問修業を志す者が集まり，そうした遊学者のために宿泊施設まで整備した塾もみられた^{*4}。

2　近代公教育の成立と展開

（1）「学制」による近代教育制度の成立

　1868（明治元）年江戸幕府に代わり薩摩藩や長州藩など西南雄藩の関係者による新政権が誕生した。新政府は江戸幕府の学問所である昌平坂学問所，開成所や医学所を接収し，1869（明治2）年に大学校とした（後に「大学」に改称）。大学に学校としての機能と教育行政を行う官庁としての機能をもたせたものであった。しかし，儒学・国学の学者と洋学者との対立などが激化し，大学は休校の後，1871（明治4）年に廃止され，教育行政を担う官庁として新たに文部省が設置された。大学の休校後も旧開成所と医学所は大学東校，大学南校となって存続し，1877（明治10）年に東京大学となった。

　文部省により欧米の教育制度の検討が進められ，1872（明治5）年「学制」が制定公布された。これにより，日本で初めて近代教育制度が発足することとなった。近代化を目指し「富国強兵」と「文明開化」を基本政策として掲げた新政府は教育の面からもそれらの実現を図ろうとしたといえる。

　学制ではフランスの制度に倣い小学区・中学区・大学区から成る学区制度が採用され，全国を8大学区，各大学区を32中学区，各中学区を210小学区に区分し，小・中・大学区にそれぞれ小・中・大学校を1校設置した。全国の教育行政は文部省が行い，各大学区に督学局，各中学区に学区取締が置かれ，学校の運営や就学督促を役割とした。また，アメリカの制度に倣い小学校（8年）・中学校（6年）・大学へと接続する単線型の学校制度が採用された。

　政府は学制公布に先立ち，その趣旨を説明した学制布告書と称される太政官布告を出した。民衆に向けて，学校で学ぶことの意味を説く目的で出された文書で，近代教育制度発足時の教育理念をよく示している。「学問は身を立るの財本」という言葉に示されているように，教育を受けることで自分の人生が切り拓かれるという個人の立身出世と実学の奨励，さらに「必ず邑に不学の戸なく家に不学の人なからしめん事を期す」と国民皆学の思想が示されている。な

＊3　模範的な手紙（往来する手紙）を読み書きの手本としてきたため，寺子屋のテキストは一般的に往来物と呼ばれた。

＊4　幕末期の著名な塾として，漢学では広瀬淡窓の咸宜園（かんぎえん），吉田松陰の松下村塾，洋学では緒方洪庵の適塾，福沢諭吉の慶應義塾がある。

お，子どもに教育を受けさせることは親の責任であり，学費を含め学校に係る費用も親の負担であるとされた。

　教師の養成は，1872（明治5）年に東京に師範学校が設置され，その後全国各地に官立師範学校が6校ほど設置された。1875（明治8）年には東京女子師範学校が設置された。師範学校では御雇外国人であるアメリカ人のスコットが実物教授など新しい教授法を伝える中心となり，それを学んだ東京の師範学校の卒業生が各地の師範学校の教員となり，新しい教授法を各地に伝えた。

（2）「教育令」と改正教育令

　1879（明治12）年に学制に代わり新しい教育制度を定めた「教育令」が公布された。アメリカの教育制度を視察・調査した文部大輔の田中不二麻呂が主導して構想・立案し，参議兼内務卿伊藤博文が協力して制定に至ったものである。

　この教育令は，学制の中央集権的，強制的な教育政策から一転し，「自由教育令」と呼ばれたほど自由主義的傾向をもっていた。自由主義的な特徴は，特に小学校の設置や就学形態に関して規制が緩和され，弾力的な内容となったことなどにみられる。学制では機械的に地域を区分した学区が定められていたが，小学校は町村が設立すること，さらに学制による学区取締を廃止して，学校の設置運営など学事をまとめる学務委員を置き，住民の選挙で選ばれることとなった。学齢期間（6～14歳）中に16か月普通教育を受けることとされ，修業年限は4年以上8年以下，小学校の授業期間は毎年4か月以上という内容であった。また学校以外での普通教育も認められた。このように弾力的な自由主義的性格と，住民の生活の拠点である町村が学校設置の単位であり，住民の代表が学務委員となって学校運営に当たることなど地方分権的な性格を併せもつ内容となっていた。しかし，小学校の設置が進まず就学不振を招いているのは，こうした自由主義的，地方分権的な方針が招いた結果であるという批判につながり，1年余りでこの教育令は改正されることとなる。

　1880（明治13）年，教育令を全面的に改正する布告が出され（「改正教育令」と呼ばれる），学校教育の管理を強めて再び官僚統制による強制主義に戻る内容となった。学務委員はその候補者を町村人民が選挙で選び（定員の2～3倍），その中から府知事県令が選任し，町村への府県の統制が強められた。修業年限は3年以上8年以下と引き下げられたが，1年間の授業日数は32週日以上と引き上げられた。私立小学校の設置や学校以外での普通教育についても厳しく統制がなされるようになった。こうした官僚統制に戻った背景には，自由民権運動の動きもあった。教育令の改正に大きく関与したのは民権派官僚たちであり，普通教育について「自由意志」のない子どもがもつ教育への権利を擁護す

るために，国家が干渉し統制を図ろうとする思想が背景にあったといえる。

（3）学校制度

　1885（明治18）年に内閣制度がスタートし，伊藤博文が初代内閣総理大臣となった。その第一次伊藤内閣で文部大臣となった森有礼の下で教育制度の改革が着手され，1886（明治19）年に学校種別ごとに勅令として「小学校令」「中学校令」「帝国大学令」「師範学校令」が制定された*5。

＊5　1886（明治19）年の教育についての勅令類は一括して「学校令」，「諸学校令」と呼ばれる。

　小学校令では，小学校は4年の尋常小学校と，その卒業後に進む4年の高等小学校の2つに区分され，そのうち尋常小学校の4年間が義務教育とされた。「児童六年ヨリ十四年ニ至ル八箇年ヲ以テ学齢トシ父母後見人等ハ其学齢児童ヲシテ普通教育ヲ得セシムルノ義務アルモノトス」と規定し，保護者の子どもを就学させる義務を法令上明確化した。なお，4年の尋常小学校を設置することが困難な地方でも就学促進を図るために，修業年限3年以内の小学簡易科も認めた。1890（明治23）年に新しく小学校令が制定され，尋常小学校は3年または4年の就学が義務とされ，高等小学校は2年，3年，4年の3種が認められ，小学簡易科は廃止された。

　小学校令は1900（明治33）年に改正され，次第に小学校制度が確立していく。1900年代には義務教育の就学率が90％を超え，初等教育の水準が飛躍的に上昇した。義務教育年限の延長も行われ，1900（明治33）年の小学校令では3年制の尋常小学校を廃止し，尋常小学校の修業年限が4年に統一され，2年制の高等小学校が併置された。さらに1907（明治40）年の小学校令改正により，翌1908（明治41）年度から義務教育年限は6年に延長され，尋常小学校は6年制となった。高等小学校は2年制となったが，3年制も認められた。こうした小学校制度の基礎の上に中等教育機関が整備されていった。また，1903（明治36）年には小学校教科書の国定制度が確立され，国定教科書が編纂された。

　中学校令では，中学校を5年制の尋常中学校と2年制の高等中学校の2つに区分し，第1条で中学校の目的を「中学校ハ実業ニ就カント欲シ又ハ高等ノ学校ニ入ラントスルモノニ須要ナル教育ヲ為ス所トス」と規定した。尋常中学校の入学資格は高等小学校2年修了程度とされ，卒業後すぐに実業に就く者のための教育が構想されたが，実際には高等中学校をはじめその他上級学校への進学を望む者が多く，次第に進学準備教育の色彩を帯びていった。高等中学校は，法令上は中学校として規定され，高等普通教育の完成を目的としていたが，実際は帝国大学への予備教育機関としての性格が濃く，卒業後は帝国大学への進学を建前とするエリート教育機関としての性格を強くもっていた。

　帝国大学令により，東京大学は帝国大学となった。第1条に目的が掲げられ

「帝国大学ハ国家ノ須要ニ応スル学術技芸ヲ教授シ及其蘊奥ヲ攻究スルヲ以テ目的トス」と規定された。大学は，国家が必要とする学問を教育し研究する機関と位置付けられ，国家が必要とする官僚など専門家の養成を目的とした。

　師範学校令では第1条に「師範学校ハ教員トナルヘキモノヲ養成スル所トス但生徒ヲシテ順良信愛威重ノ気質ヲ備ヘシムルコトニ注目スヘキモノトス」と目的が定められた。秩序や権威などに従順で，仲間に信愛の情をもち，生徒に威厳をもって振る舞う「順良・信愛・威重」の三気質を目標とする師範教育の基本的な性格が定められた。これらの気質を養成するため，全寮制が採用され，寄宿舎での画一的な訓育を伴う生活や兵式体操を中心とする体操教授などの兵式的訓練が重要視された。東京師範学校は中等学校の教員養成を目的とする高等師範学校となり，府県立師範学校は小学校の教員養成を目的とする尋常師範学校となった。師範学校は，基本的に授業料は無償で，学資が支給された。

　女子のための「高等普通教育」を行う中等教育機関として高等女学校がある。1899（明治32）年に改正「中学校令」「実業学校令」とともに「高等女学校令」が制定された。目的は「女子ニ須要ナル高等普通教育ヲ為ス」と規定された。高等小学校第2学年修了で入学し，修業年限は原則4年とされた。授業内容は，家事・裁縫の時間数が多く，中学校と比べても唱歌や修身が多く，他方，数学，理科，外国語が大幅に少なくなっていた。高等女学校は「良妻賢母教育」を行うところとされたため，主要都市に広がっていたキリスト教主義の女学校の多くは，高等女学校とはならずに各種学校として存続した。

　1903（明治36）年に高等学校・帝国大学以外の官立高等教育機関と私立の高等教育機関を包含した「専門学校令」が制定された。専門学校の入学資格は，中学校または修業年限4年以上の高等女学校の卒業，これと同等以上の学力を有する者とされた。専門の種類に限定はなく，宗教学校も含まれていた。私立専門学校には「大学」を名乗る学校も含まれた。女子にとっては，専門学校が進学できる唯一の高等教育機関であった。

　産業教育，職業教育および技術教育を行う男女のための中等教育機関としては「実業学校令」に基づく実業学校（工業，農業，商業，商船）と実業補習学校がある。実業学校の目的は「実業ニ従事スル者ニ須要ナル教育ヲ為ス」と規定された。1935（昭和10）年には「青年学校令」により，実業補習学校（実業教育と小学校の補習教育を行う定時制の学校）と青年訓練所（小学校や実業補習学校に付設され，基本的に兵役前の教練を中心にした訓練施設）を統合して「青年学校」が創設された。青年学校は，勤労青少年のための定時制の教育機関であり，多くは小学校に併設された。教育内容の水準は他の中等教育機関よりも低く，文

部省社会教育局の所轄ともなっており，社会教育機関としての性格も併せもっていた。また，昼間勤労に従事する青年たちのために中学校や高等女学校に準じた教育を夜間に行う「夜間中学」「夜間女学校」と呼ばれた学校が各種学校としてつくられ，1930年代以降急増した。

（4）教育勅語

1889（明治22）年に大日本帝国憲法が発布された。ドイツ帝国統一前のプロイセン憲法などをもとに構想され，第1条では「大日本帝国憲法ハ万世一系ノ天皇之ヲ統治ス」と天皇を国の統治権者と規定し，第3条では「天皇ハ神聖ニシテ侵スヘカラス」と示され，その地位は神聖であり侵すことはできないことが強調された。絶対主義的，専制君主制的な性格をもち，国民は「臣民」としてその権利が大きく制限されるものであった。

大日本帝国憲法の下では，国の制度は議会が法律を制定してつくられたが，教育に関しては，天皇の命令によって規定される「勅令主義」の慣行が維持された。勅令は実際には内閣が出す命令であるが，議会は審議せず，教育制度は議会が関与できない"聖域"とされた。

教育制度の基礎は森有礼文政下で整えられたが，森の死後は国体観念に基づいた教育理念を確立する動きが起こる。1890（明治23）年地方長官会議における「徳育涵養ノ義ニ付建議」が契機となり，徳育に関する進言の起草が始まった。第一次山県有朋内閣において，芳川顕正文相が洋学者の中村正直に委嘱してその起案に着手したが，中村の草案は宗教や哲学的性格が強いと批判した法制局長官であった井上毅により改めて勅語文案が起草され，天皇側近の元田永孚の協力もあり，1890（明治23）年「教育ニ関スル勅語」が発布された。以後，この教育勅語は終戦を迎えるまで絶対性をもって国の教育理念を規制した。

1890（明治23）年10月に発布された教育勅語は，大臣副署を伴わない形式がとられた。公式な手続きをもって出される法令ではなく，天皇個人の意思の表明という体裁をとることで，かえっていかなる法令も超える絶対性を帯びることになる。二段構成315文字からなる勅語は，前段の前半では建国につながる神話に基づいた民族と国家の歴史的な伝統，臣民の忠誠により成り立つ「国体」に教育の淵源を置くとし，つづいて忠孝を核とする徳目が列挙され，これら徳目の普遍的価値を強調し，その「遵守」を求めた。国体史観に立ち天皇の名において教育の基本理念と遵守すべき徳目を規定したものであった。

勅語の公布と同時に，文部省はその謄本を全国の学校に配布し，学校儀式など折にふれこれを奉読することでその浸透が図られた。1891（明治24）年の小学校教則大綱では教育勅語が修身科の標準として定められ，教育勅語本文は修

教育勅語

朕惟フニ我カ皇祖皇宗国ヲ肇ムルコト
宏遠ニ徳ヲ樹ツルコト深厚ナリ我カ臣民
克ク忠ニ克ク孝ニ億兆心ヲ一ニシテ
世々厥ノ美ヲ済セルハ此レ我カ国体ノ精
華ニシテ教育ノ淵源亦実ニ此ニ存ス爾臣
民父母ニ孝ニ兄弟ニ友ニ夫婦相和シ朋友
相信シ恭倹己レヲ持シ博愛衆ニ及ホシ
学ヲ修メ業ヲ習ヒ以テ智能ヲ啓発シ徳器
ヲ成就シ進テ公益ヲ広メ世務ヲ開キ常
ニ国憲ヲ重シ国法ニ遵ヒ一旦緩急アレ
ハ義勇公ニ奉シ以テ天壌無窮ノ皇運ヲ
扶翼スヘシ是ノ如キハ独リ朕カ忠良ノ
臣民タルノミナラス又以テ爾祖先ノ遺風
ヲ顕彰スルニ足ラン
斯ノ道ハ実ニ我カ皇祖皇宗ノ遺訓ニシ
テ子孫臣民ノ倶ニ遵守スヘキ所之ヲ古
今ニ通シテ謬ラス之ヲ中外ニ施シテ
悖ラス朕爾臣民ト倶ニ拳々服膺シテ咸其
徳ヲ一ニセンコトヲ庶幾フ

明治二十三年十月三十日

御名御璽

身教科書にも掲載され暗唱や暗写などの対象となっていく。さらに，各学校において，勅語謄本は御真影（天皇・皇后の写真）とともに神聖化され，崇拝の対象としてその取り扱いには最大の注意が払われるようになる。

この教育勅語や「御真影」の取り扱いをめぐっては，不敬事件も起こっている[*6]。また，学校の火災などにより謄本が消失する事態などが起き，管理責任のみならず不敬のそしりを受け教師の自殺事件まで起こったため，勅語謄本の保管のために「奉置」する場所が求められ，「御真影」や謄本を火災や盗難から守るために校舎から離れた場所に「奉安殿」を設置するようになった。

3　教育の大衆化と新教育運動

（1）都市新中間層の台頭

　社会に資本主義経済が浸透する中で，学校で身に付ける能力に期待を寄せる社会階層が登場する。都市の新中間層といわれる階層の人々は，近代産業社会に依存し，地域共同体からは切り離されて核家族の中で子どもを育て，教育にも強い関心をもつようになっていく。資本主義の競争社会を生き抜くためには，自分の子どもにはより高い学力と学歴を獲得させ，よりよい職と地位を獲得させたいと願い，それが学校教育への期待となっていった。こうした教育要求により，都市新中間層は中等教育，高等教育への進学欲求を強め，画一的な教育を批判し，子どもの個性や能力を開花させ得る教育を期待するようになっていく。産業界もまた，工業化や国際競争力の激化に伴い，より優秀な技術者や産業人の養成を学校教育に求めるようになっていった。このような都市新中

*6　第一高等中学校（後の第一高等学校）での勅語奉読式で嘱託講師であった内村鑑三の拝礼の仕方が不敬であるとして生徒たちが騒ぎ出し，内村の退職に至った事件が起きた。内村はキリスト教者であるため，その信仰心から深々と拝礼をせずに会釈のように頭を下げたことに，血気盛んな生徒が騒いだのであった。

間層や産業界からの教育要求を背景に新教育運動が展開されていく。

（2）大正自由教育・新教育運動の展開

　1912（大正元）年には新たに元号が大正となり，この時期には世界的な教育改革の試みと結び付いた新しい教育の潮流として大正自由教育や新教育，子ども中心主義と呼ばれる子どもを教育の中心に据えた新たな試みが展開される。新教育運動は，19世紀末から20世紀初頭にかけて欧米諸国を中心に展開された子どもを教育活動の中心に据え教育改革を実現しようとする運動であり，日本でも1910年代から20年代にかけて新教育運動が展開される。その中で，新教育を標榜する私立学校もいくつか設置された[7]。

　さらに，大正自由教育の実践の舞台として高等師範学校や師範学校の附属小学校があげられる。兵庫県明石女子師範学校附属小学校主事の及川平治により分団式教授（教室の子どもたちをさらに小さな集団に区分する）が提唱され，教科目を統合する合科教授は森岡常蔵により東京高等師範学校附属小学校や木下竹次により奈良女子高等師範学校附属小学校で導入された。ドイツで子どもの自発的活動を重んじて作業を重視する労作教育が進んだが，北沢種一により東京女子師範学校附属小学校で取り入れられた。

　また，国語教育では東京高等師範学校附属小学校訓導の芦田恵之助により随意選題綴方が提唱され，新しい児童文学運動としては，文学者の鈴木三重吉により1918（大正7）年児童文学雑誌『赤い鳥』が発表された。さらに地方の教師たちにより，生活綴方といわれる子どもたちが自己の生活を見つめ直し生活の中で感じたことや考えたことをありのままに作文に表現する教育活動が進められた。ドイツの郷土科という科目の影響等により，地域の教育に根差したものとして郷土教育も盛んに行われた。

4　総力戦体制と皇民教育

（1）総力戦体制へ

　第一次世界大戦後，日本経済は戦後恐慌や震災恐慌など相次ぎ慢性的な不況に見舞われていたが，1929（昭和4）年に始まる世界大恐慌の影響は，とりわけ農村部に深刻な打撃を与え，東北地方では飢えに苦しみ子どもたちの身売りが行われるほどであった。恐慌が深刻化する中で，その脱却を求めた軍部と政府は1930年代に入ると中国大陸への本格的な侵略を始める。1930年代から40年代前半は，戦争が常態化した時代となる。日本の植民地であった台湾や朝鮮

*7　代表的なものに，沢柳政太郎による成城小学校，羽仁もと子による自由学園，野口援太郎や野村芳兵衛などによる池袋児童の村小学校，小原国芳による玉川学園がある。

の学校には日本人の教師が配置され，子どもたちに日本語が教えられた。日本の内地の学校で行われる学校儀式や行事も行われた。植民地の人々はそれまで培った文化や生活に代えて，日本人と同化することを強いられた。

　1925（大正14）年の治安維持法をはじめとする社会主義や共産主義の思想運動への取り締まりや，1931（昭和6）年満州事変，1932（昭和7）年満州国建国，1937（昭和12）年日中戦争，1941（昭和16）年からのアジア・太平洋戦争（第二次世界大戦）に対応した総力戦体制が強化され，国家・天皇のために自ら戦う国民をつくりだす目的で学校教育が機能するよう求められた。

　1933（昭和8）年，京都帝国大学教授の瀧川幸辰の講演や著書を赤化思想だとして休職に追い込んだ瀧川事件が起きた。1935（昭和10）年には憲法解釈をめぐって東京帝国大学教授の美濃部達吉の学説を不敬とする天皇機関説事件が起きた。政府は二度も「国体明徴」の声明を出し，天皇機関説を否定する事態となった。これらを受け，文部省は1935年に教学刷新評議会を設置し，「国体」と「日本精神」を強調する答申を行った。1937（昭和12）年には思想局を教学局に改組し，学説の調査も行われ，学問の統制にまで進んでいく。文部省編纂の冊子を各学校に配布し，1937年には『国体の本義』，1941（昭和16）には『臣民の道』が配布された。『国体の本義』は文教政策の基準としての国体論を示すことが目指されたが，神話や古典を論拠として天皇による統治の正当性を示し，他方，西洋近代思想の排撃を行ったものであった。

（2）皇国民錬成と学校教育

　1941（昭和16）年3月1日，国民学校令が公布され，小学校を改め国民学校が成立した。国民学校の目的は，「国民学校ハ皇国ノ道ニ則リテ初等普通教育ヲ施シ国民ノ基礎的錬成ヲ為ス」ことである。教育勅語を基本として，皇国民の基礎的錬成を目指したものであった。国民学校令では初等科6年，高等科2年の課程とされ義務教育年限が8年に延長されたが，実際には戦争の激化により実施は延期とされ実現はしなかった。

　国民学校教師や師範学校の生徒に対しては，子どもに及ぼす影響の大きさから文部省や府県はその思想には厳しく対応した。各府県では，師範学校生徒の思想を統制するために修養の訓練施設を設置し，身体と精神を鍛え上げて「国体」の理念を深く内面化させる教育を進めた。師範学校の教育目的は「皇国ノ道ニ則リテ国民学校教員タルベキ者ノ錬成ヲ為ス」こととされた。

　1939（昭和14）年には高等小学校・中等諸学校在学者および中等学校4年修了者を除く，満12歳から満19歳までのすべての男子の青年学校への就学が義務付けられた。勤労青年層に対する国体観念の強化や軍需生産体制への適応性

の向上，軍事能力の育成などを目指して急遽実施されたものであった。

　国民学校制度の実施に続き，1943（昭和18）年には従来の中学校令・高等女学校令・実業学校令を廃し，中等学校令により3つの中等学校の制度を統合し，「皇国ノ道ニ則リテ高等普通教育又ハ実業教育ヲ施シ国民ノ錬成ヲ為ス」ことが共通の目的とされた。国民学校と同様に国民科や理数科に属する科目に加え，「修練」が必修とされた。修練は，教科外の学校行事や作業等の諸活動に当たり，教科目と修練によって，学校における諸活動すべてを皇国民錬成に向けて統合しようとしたものであった。修業年限は原則4年とされ，中学校，高等女学校の夜間課程の設置が認められた。すでに各種学校として夜間課程が設置されていた実態を追認した措置であった。

　戦争の拡大と継続に伴う労働力の不足により，中等学校の生徒の勤労奉仕や勤労動員が強いられるようになる。国民精神総動員運動や集団勤労作業への参加が発端となり，1941（昭和16）年には農作業への勤労動員，その後は軍需工場等へ動員されていった。都市部の軍需工場は戦争では攻撃対象となるため，多くの犠牲者を出した。勤労動員先では授業はほとんど行われなかったが，勤労そのものが「教育」や「錬成」の一環であると正当化された。1945（昭和20）年には国民学校以外の学校では授業が停止された。

　1920年代には高等教育は拡大傾向を示したが，1930年代には軍需産業に関係する理系の工学等の特定の分野に偏って拡大された[8]。高等教育機関の学生にも1938（昭和13）年から集団勤労作業が実施され，1941（昭和16）年度には卒業の時期が繰り上げられ，1943（昭和18）年には在学中の徴兵猶予措置が停止され，徴兵年齢に達した学生は徴集され学徒出陣するようになっていった。

　こうしてアジア・太平洋戦争（第二次世界大戦）は総力戦と位置付けられ，学校教育全体も総力戦体制の中に位置付けられた。本土の空襲が激しくなると国民学校の子どもたちを学校単位で農村部に避難させる集団疎開が1944（昭和19）年8月頃から始まり，1945（昭和20）年8月の終戦を迎えることとなる。

*8　1931（昭和6）年に大阪帝国大学，1939（昭和14）年に名古屋帝国大学が創設されたが，理系学部のみ設置された。

●演習課題

課題1：義務教育の就学率は1890年代を通して急上昇し，ほとんどの子どもが小学校に入学するようになった。このように，学校教育が社会の中に定着するようになったのはなぜだろうか，考えてみよう。

課題2：1930年代～40年代前半の日本は戦争が常態化した時代であった。時の為政者は教育を通じてどのような日本人を形成しようとしたのだろうか。そして，学校教育はどのように機能したのか考えてみよう。

●参考文献

日本近代教育史事典編集委員会編『日本近代教育史事典』平凡社，1971.

福井淳「嚶鳴社員官吏と『改正教育令』―島田三郎を中心にして―」歴史學研究會編
　『歴史學研究』No.535，青木書店，1984，pp.45-56.

久保義三他編『現代教育史事典』東京書籍，2001.

古沢常雄・米田俊彦編『教育史』学文社，2009.

平田諭治編著『日本教育史』ミネルヴァ書房，2019.

髙橋陽一『新しい教育通義〔増補改訂版〕』武蔵野美術大学出版局，2023.

コラム　　戦争の記憶

　日本が「戦後」を迎えてから80年が経過する。戦争を経験している世代も高齢となりその経験を後の世代に伝えていくことが次第に難しくなっている状況にある。

　歴史家の藤井忠俊は，著書『兵たちの戦争』（朝日新聞出版，2019年）の中で，手紙や日記，体験記を読み解き，戦争末期に国家の犠牲となった特攻兵についてつぎのように記している。「特攻に選ばれた者の多くは，幹部候補生としての学徒兵と志願の少年兵，それに指揮者となった若年の現役将校である。私はこの選別は意味のあることだと思う。それは，尽忠報国の認識の度合いともパラレルな関係にあるのではないだろうか」（p.55）。藤井は，特攻隊員たちは軍隊内というよりも社会生活の中で戦陣訓（1941（昭和16）年に陸軍大臣東条英機が全陸軍に発した戦場での心得）の教育を受けた者たちであったとみている。「学校教育の中で国民教育を受け，それから軍隊内の特殊教育を選んだ者たちであった。私は，これを普通一般の軍隊教育とは分けて考えなければならないと思う。（中略）国民教育のほうが特攻用に，つまり『尽忠報国』に成功してしまったのである」（pp.60-61）という疑念を示している。軍隊内部に戦陣訓は浸透しているとはみられず（軍事教育は「玉砕」には影響したと指摘する），最も感受性の強い層である学徒兵と少年兵は社会生活の中で戦陣訓の影響をまともに受けたのではないか，というのが藤井の説である。このことは，学校教育が総力戦体制の一環として機能したことと無縁ではないであろう。

第**7**章 日本の教育の歴史Ⅱ

　1945（昭和20）年の敗戦により，日本は再出発をする。1946（昭和21）年11月3日には平和主義，国民主権，基本的人権の尊重を基本原則とした日本国憲法が公布され，翌年には教育の基本理念を明示した教育基本法が公布された。戦後新たなスタートをきった学校教育は，80年が経過する中で，様々な試みがなされ今日に至っている。ここでは戦後教育のあゆみをみていく。

1 戦後の教育改革と 新しい教育のスタート

（1）戦後の教育改革

　アジア・太平洋戦争（第二次世界大戦）での敗戦により，日本はアメリカ合衆国を主力とする連合国の占領下に置かれることとなった。マッカーサー（MacArthur, D.：1880-1964）を責任者とするGHQ（連合国軍最高司令官総司令部）に，教育の占領政策を企画するCIE（民間情報教育局）が設置された。1945（昭和20）年10月末から占領軍は戦時体制の打破と教育の民主化の方針を打ち出した。「日本教育制度ニ対スル管理政策」は「軍事的教科」と教練を全面的に禁止し，使用中の教科書やその他の教材を再検討し，軍国主義的・超国家主義的な箇所すべての削除を求めた。さらに，軍国主義者等の教員について罷免し（教職追放），他方，自由主義者・反軍国主義者等として解職された教員の復職を促すこと，戦時下に文部省が編纂頒布した『国体ノ本義』，『臣民の道』等の文書等の頒布の禁止，国家神道の学校教育からの排除，修身・日本史・地理の授業の停止などが指示された。

　学校の授業の再開に当たり，教科書の改訂が必要であったが，新教科書の準

備が不可能であったため，当時用いられていた国定教科書で不適切な内容を子どもたち自身で削除させる方法を採り「墨塗り教科書」が用いられた。

　1946（昭和21）年にはマッカーサーの要請によりアメリカ本土から教育の専門家27名が招かれ，1か月を費やして日本の教育事情の全般を視察研究し「アメリカ教育使節団報告書」がまとめられた。その報告書は，中央集権的教育制度や画一的な詰めこみ主義や国家主義的教育理念など日本の教育の問題点を指摘し，個人を尊重する教育理念に立脚する民主的な教育体制の樹立を強調した。住民の公選による教育委員会制度や6・3・3制の学校体系，男女共学，教員養成制度の改革，成人教育の振興，高等教育機関の増設等を勧告しており，日本の教育の近代化・民主化を推進したものであった。

　来日したアメリカ教育使節団に協力するために，日本側教育家委員会が組織されたが，それを発展的に解消して1946（昭和21）年8月に内閣総理大臣の諮問機関として教育刷新委員会[*1]が設置された。委員会は広く政治，教育，宗教，文化，経済など各界の代表者約50名をもって組織され，初代委員長は哲学者で第一高等学校校長の安倍能成，二代目委員長は東京帝国大学総長の南原繁が就任した。11月には同委員会は教育基本法の制定を建議し，1947（昭和22）年3月には教育基本法と学校教育法が公布される。

　さらに，アメリカ教育使節団報告書の勧告および教育刷新委員会の建議に基づき1948（昭和23）年に「教育委員会法」が制定公布され，都道府県や市町村に公選制の教育委員会が設置された。「文部省設置法」とともに，中央集権的な戦前の教育行政のあり方から，民衆統制，地方分権，一般行政からの独立を原理とする教育行政への転換が目指された。1956（昭和31）年「地方教育行政の組織及び運営に関する法律」により教育委員会法は廃止され，教育委員も任命制となった。

（2）教育基本法の制定

　1946年11月3日に公布された日本国憲法では，「すべて国民は，法律の定めるところにより，その能力に応じて，ひとしく教育を受ける権利を有する」（第26条第1項）と教育を受ける権利が定められた。続けて「すべて国民は，法律の定めるところにより，その保護する子女に普通教育を受けさせる義務を負ふ。義務教育は，これを無償とする」（第26条第2項）と義務教育について定めている。

　戦前の日本においては，教育の基本理念は1890（明治23）年の教育勅語によって規定されていたが，この教育勅語に代わり戦後の新たな教育の基本理念を明示するため，1947（昭和22）年3月31日に教育基本法が公布された。これ以

＊1　教育刷新委員会
　戦前の師範教育刷新を前提に，戦後の教育改革を調査，審議することを目的として内閣に設置された教育諮問機関。1949（昭和24）年に教育刷新審議会に改称，1952（昭和27）年には中央教育審議会の設置に伴い廃止された。

降，2006（平成18）年に全部改正されるまで，日本の教育理念を規定するものとなった。

　制定当時の教育基本法は前文および11条からなる。法律に前文が付くことは非常に珍しいことであるが，日本国憲法との関連性が示されている。内容は，第1条「教育の目的」に始まる。「教育の目的」は「人格の完成をめざし，平和的な国家及び社会の形成者として，真理と正義を愛し，個人の価値をたつとび，勤労と責任を重んじ，自主的精神に充ちた心身ともに健康な国民の育成」にあると示された。この教育目的は「あらゆる機会に，あらゆる場所において実現されなければならない」「学問の自由を尊重し，実際生活に即し，自発的精神を養い，自他の敬愛と協力によつて，文化の創造と発展に貢献するように努めなければならない」（第2条「教育の方針」）ことが規定された。

　さらに，これらの点を前提とし「すべて国民は，ひとしく，その能力に応ずる教育を受ける機会を与えられなければならないものであつて，人種，信条，性別，社会的身分，経済的地位又は門地によつて，教育上差別されない」と「教育の機会均等」（第3条）を規定し，9年制の無償の義務教育の実施（第4条），男女共学の承認（第5条），学校教育の公共性（第6条）と政治的宗教的中立性（第8条・第9条），社会教育の振興（第7条）などを規定している。そして，教育行政については「教育は，不当な支配に服することなく，国民全体に対し直接に責任を負つて行われるべきものである」（第10条）と明示し，そのために教育行政は必要な諸条件の整備確立を目標として行わなければならないとする。戦後の日本の教育政策や教育行政はこのような教育基本法の内容を具現化することを目指した。

（3）新学制の発足

　教育基本法と同時に1947（昭和22）年3月31日，学校教育法も公布された（施行は4月1日）。戦前の学校に関する基本法令は学校種別に勅令で定められていたが，学校教育法はすべての学校の総括的な規定であり，法律であることに特色がある。当時の学校教育法では，第1条で「学校とは，小学校，中学校，高等学校，大学，盲学校，聾学校，養護学校及び幼稚園とする」と規定され，小・中・高・大の6・3・3・4制の単線型学校体系が示された[*2]。

　旧制度の国民学校は小学校に，中等学校は高等学校に，大学，高等学校，大学予科，専門学校，師範学校は大学に転換し，青年学校は廃止され，中学校が義務教育の学校として新たに発足した（図7-1，図7-2）。小学校，中学校は1947（昭和22）年度，高等学校は1948（昭和23）年度，大学の多くは1949（昭和24）年度にスタートした。

*2　大きな変化としては，養護学校の制度が創設されたこと（義務制の実施は1974（昭和49）年），幼稚園が学校制度に包含されたことがあげられる。学校教育法第1条で規定された学校を「一条校」ともいう。

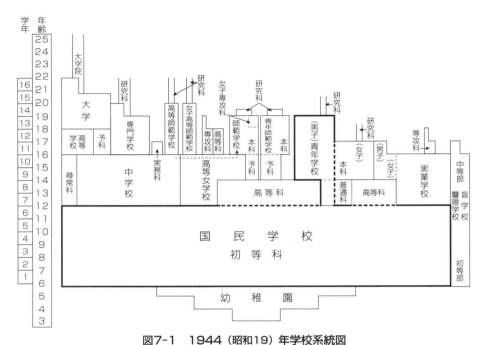

図7-1　1944（昭和19）年学校系統図

出典）文部科学省「学校系統図」（https://www.mext.go.jp/b_menu/hakusho/html/others/detail/1318188.htm）

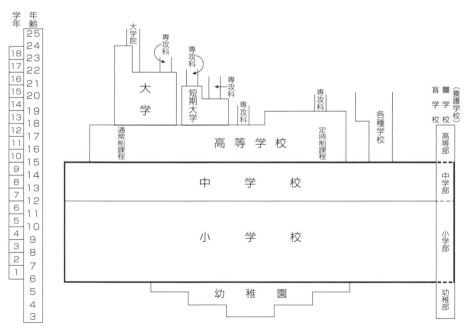

図7-2　1949（昭和24）年学校系統図（文部科学省）

出典）図7-1に同じ

　小学校は国民学校の校舎を転用することが可能であったが，新たに発足した中学校はそのまま利用でき得る校舎をもたないことが多く，戦後の財政難の中で校舎の不足問題が深刻であった。中学校は独立校舎とされたが，小学校との教室の共用，廊下や昇降口を教室に作り替える急造教室，旧兵舎や馬小屋などを転用した教室，露天での青空教室まで行われた。さらに，校舎や教室不足が深刻であった特に都市部においては，子どもたちの登校時間をずらして授業を行う二部授業，三部授業が行われた。校舎のみならず教員不足も深刻であり，仮免許状や臨時免許状の教員に頼らざるを得ない状況でもあった。

　高等学校は「義務教育」ではないが，中学校から進み得る誰もが学ぶことのできる学校として，大衆的な性格を与えられて発足した。多くは旧制の中等教育機関の校舎を転用することができたため，新制中学校のような校舎建築に伴う財政上の困難が比較的少なくその設置が進められた。後に「高校三原則」とされる学区制，総合制，男女共学という原則や，全入制，単位制などの原則からも再編されていく。また勤労青少年のための定時制課程や通信教育課程が法制的にも明確な存在として制度化され実施された。

　新制高等学校が発足して翌年の1949（昭和24）年から大学は本格的に出発した。旧制の高等教育機関は「大学」となり再編された。同年の国立大学設置法により，師範学校や青年師範学校は学芸大学・学芸学部・教育学部へと再編された。新制大学発足時の「国立大学設置の十一原則」では，特定の地域を除き，同一地域にある官立大学はこれを合併し一大学とし，また各都道府県には必ず教養および教職に関する学部もしくは部を置くことが原則として掲げられた。幼稚園から高等学校までの教員は大学で養成することとなったが，師範学校による教員養成が「師範タイプ」（p.110参照）と揶揄されたことの反省から，戦後の教員養成は閉鎖的な目的養成ではなく，教養教育も重視された。

（4）戦後の新教育の展開

　1947（昭和22）年度からの新学制の開始に当たり，カリキュラム（教科課程）の基準を示したものとして『学習指導要領』が文部省から刊行された。指導要領は「試案」というかたちが採られたが，1958（昭和33）年度の改訂以降は，文部省告示をもって公示されるようになり「法的拘束力」を強調するものとなった。教育改革における地方分権化の流れは，学校現場での教育方法の改善となって取り組まれた。1948（昭和23）年頃までは，戦前の教育体制への批判に基づき，人間の主体性と生活権の回復という雰囲気の中で，子どもの個性や興味，発達段階に応じた指導を重視し，子どもの実生活や経験と結び付いた生活単元学習が流行した。教科の授業を通して論理的・系統的知識を単に注入する

のではなく，子どもの生活経験そのものを教育内容として取り入れ，学習活動もそこに位置付ける試みが広がった。

　さらに，詰め込み型の注入主義に代わり，単元学習が一般化した。こうした状況は「戦後新教育」と呼称される[*3]。しかし，入試競争が次第に激しくなる中で，生活単元学習は学力低下の原因であるという批判が強くなり，それらへの反省をふまえつつ，1950年頃になると民間教育研究団体の活動が盛んになった。民主的な教育研究運動が展開される中で，山形県の中学校の社会科教師の無着成恭が指導した生徒の作文集『やまびこ学校』（1951（昭和26）年5月）など，多くの実践記録も出版された。

　また，1947（昭和22）年には複数の教員組合が統合し，日本教職員組合（以下，「日教組」）が組織される。日教組は教員が労働者としての権利を主張する労働組合的な性格と，職能団体としての性格を併せもち，全国レベルの研究交流の場として教育研究全国集会などを開催し，教育研究や教育要求運動なども展開するようになる。

＊3　新設教科の社会科を中心にするかたちでコア・カリキュラム運動や「本郷プラン」，「川口プラン」に代表される地域教育計画が展開し，さらにアメリカの教育方法の影響を受け，教授法の改善も進んだ。

2　高度経済成長期と教育

　世界における東西の対立は第二次世界大戦直後から始まっていたが，日本の占領政策にもその影響が全面的に現れるようになる。1950（昭和25）年6月に勃発した朝鮮戦争により日本の戦略的な位置付けが高まり，日本は朝鮮戦争による特需で経済的な復興を遂げていく。

　1951（昭和26）年9月にサンフランシスコ講和会議が開催され，49か国の間で対日平和条約が調印された（1952（昭和27）年4月28日発効）。平和条約と同日に調印された日米安全保障条約は，米軍に広範囲の特権を与えるものとなった。アメリカとの密接な関係で国家を再建していくことは，同時に冷戦体制に組み込まれる危険性があるため，激しい政治的対立をもたらすものであり，それは教育政策にも影響を与えた。

　1950年代の中頃から60年代にかけて，戦後の政治経済の動向を受けて戦後教育は大きな転換点を迎える。義務教育諸学校における教育の政治的中立の確保に関する臨時措置法（1954（昭和29）年），地方教育行政の組織と運営に関する法律（1956（昭和31）年），勤務評定の実施，学習指導要領の改訂と教科書検定の強化，全国一斉学力テストの実施など統制強化の施策が展開された。

　1955（昭和30）年から60（昭和35）年にかけて，戦後教育の転換が図られた時期は，日本の資本主義が「復興から成長へ」と転換を遂げる時期に当たる。日本社会は都市化，消費社会化が急速に進展し，農村から都市に多くの人口が

移動し，「三種の神器」と呼ばれた冷蔵庫，洗濯機，白黒テレビといった電化製品が各家庭に普及した。しかし，地域開発と石油化学工業を中心とする新産業の出現は大気汚染や河水・海洋汚染を伴う公害問題を引き起こし，農業の集約化もまた農薬の過剰散布等により自然と地域破壊をもたらすものでもあった。

　都市では人口が急増し集合住宅である「団地」に住む核家族という家族形態が増えていく。農村では，高校を卒業すると都会に出て就職する若者が増え，他方，高校には進学せずに，中学校を卒業すると都会に集団就職する「金の卵」と呼ばれた若者たちも少なくなかった。町工場や零細企業で働くこうした若年の労働力が高度経済成長を下支えするものでもあった。そのような中で昼間は働き，夕方から定時制高校へ通う若者も少なくなかった。

　1950年代後半に始まった高度経済成長は70年代前半まで続き，1960年（昭和35）には池田勇人内閣による所得倍増計画が出された。すでに1950年代後半からは日本経営者団体連盟や経済団体連合会は繰り返し，教育への要求を「声明」や「要望書」として発表していたが，60年代以降，より教育政策への発言力を強力なものとしていった。

　1963（昭和38）年経済審議会答申「経済発展における人的能力開発の課題と対策」は，後期中等教育の多様化を軸とするハイタレント選別という「能力主義」により学校教育を再編することを求めたものであった。ハイタレント選別の学校再編は，進路指導等を重要視し，さらにコース別クラス編成，あるいは各種テストによる学力検査を重視するものであった。1966（昭和41）年には中央教育審議会答申「後期中等教育の拡充整備について」が出され，ここでは後期中等教育について「教育の内容および形態は，各個人の適性・能力・進路・環境に適合するとともに，社会的要請を考慮して多様なものとする」と示された。この高等学校の多様化は地域の産業構造計画の一環としても進められ，例えば富山県では「産学協同による産業高校方式」として「三・七体制」（普通高校三，産業高校七）が提言された。

　第1次産業から第2次，第3次産業への転換をもたらした高度経済成長は，共同体社会の解体をもたらし，さらに子どもによりよい教育を受けさせ，将来はよりよい生活をさせたいという親の欲求は，都市部のみならず農村部でも強まっていった。子どもの学校教育への関心や期待は国民的な規模で高まっていく。文部省（当時）の「学校基本調査」によれば，高校進学率は1960年には57.7％程度であったが，1970（昭和45）年には82.1％，1975（昭和50）年には91.9％となり，1970年代中頃からは高校進学率が9割を超える状況となった。大学進学率も1960年には短大2.1％・大学（学部）8.2％にすぎなかったが，

1975年（昭和50）には短大11.2%，大学（学部）27.2%と急上昇した。

　高等学校，大学への進学率の急上昇は同時に「受験地獄」とも呼ばれる過度な受験競争に子どもたちが巻き込まれることでもあった。特に大企業は優秀な「人材」の確保を目指し，学歴（学校歴）を重視した採用を行ったため，どの大学に入るかということが将来の職業や地位と直接的に結び付き，したがって学歴取得競争が激化した。より威信の高い大学へ入るためには，どの高等学校へ入るかということとも関係するため，高等学校普通科をめぐる受験競争やその序列化というかたちで影響を及ぼした。高等学校の序列化は，具体的には，学校が業者テストを導入して「偏差値」を利用して進路指導を行ったことで精密なものとなっていった。さらに，受験準備教育も過熱し，学校教育とは別に塾に通うことが当たり前となり，受験競争を増大させた。

　他方，学校の授業内容についていけない「落ちこぼれ」という現象も学級内に生起させた。進学の受験競争や学力の獲得競争の過熱化は，子どもたちの間の学力の格差を助長し，自分の子どもが落ちこぼれることを警戒する親たちは小学校の早い段階から子どもを塾へ通わせる動きともなった。学力の格差や授業についていけない状況により学習意欲そのものを喪失した子どもたちは，学校への疎外感を強め，学校への不適応や様々な非行・逸脱行動を引き起こすという深刻な状況ともなった。こうした過度な競争により，しだいに子どもたちへ様々な問題を生じさせることとなる。

3　学校の荒廃と教育改革

　高度経済成長により産業が発展し，人々の生活も豊かになった一方，1970年代後半から校内暴力や家庭内暴力，非行・逸脱行為，いじめ，不登校というかたちで子どもたちを取り巻く問題が噴出するようになっていく。

　文部省（当時）では，1982（昭和57）年度より中学校，高校での「校内暴力」の調査を行っているが，その際「校内暴力」とは，「学校生活に起因して起こった暴力行為であり，対教師暴力，生徒間暴力，器物損壊の三形態」と定義した。1997（平成9）年からは調査に小学校を加え，「校内暴力」から学校外での問題行動を含め「自校の児童生徒が起こした暴力行為」を指すものを「暴力行為」とし「『対教師暴力』『生徒間暴力』（何らかの人間関係がある児童生徒同士の暴力行為に限る）『対人暴力』（対教師暴力，生徒間暴力を除く），学校の施設・設備等の『器物損壊』の四形態」としている。学校内でのこうした暴力行為はどの時代にもあるものではあるが，それが量的に急増し，1970年代後半から80年代前半をピークに社会的問題として注目を浴びるようになる。

当時「ツッパリ」と呼ばれた丈の長いスカートやダボダボのズボン，短い丈または長い丈や刺繍の入った規格外の学生服を着用し，男子は剃りやリーゼント，女子はパーマといった髪型をして虚勢を張った生徒が学校内において集団で非行・不良行為を繰り返し行う光景が代表的であった。こうした生徒が授業妨害や校内での飲酒や喫煙，自転車やバイクで校内を暴走することもあった。学校の窓ガラスを割ることや，教具を破壊するなど器物破損も日常的に行われ，そうした行為を指導する教師への反抗的態度や暴力行為にも及んだ。生徒の暴力行為を教師が止められない場合には，学校内に警察官を導入するに至ることもあった。この時期におけるこうした校内暴力の急増とその背景については，偏差値に象徴される教育における序列化を要因とすることや家庭環境の変化を要因とすること，マスコミ報道により連鎖的に広まったとすることなど多くの議論がなされているが，いずれにしても，校内暴力の急増への対応から，これ以降，中学校や高等学校では校則と生徒指導を重視する管理教育へ舵をきることとなる。

　1984（昭和59）年，内閣総理大臣の諮問機関として，臨時教育審議会（臨教審）が設置された。「我が国における社会の変化及び文化の発展に対応する教育の実現を期して各般にわたる施策に関し必要な改革を図るための基本的方策について」という包括的な課題の下で審議が行われ，1985（昭和60）年6月から87（昭和62）年8月まで四次にわたる答申が出された。最終の第四次答申では，これまでの答申を総括し，個性重視の原則，生涯学習体系への移行，変化への対応と三点にまとめて示した。審議会発足当初，意見が交わされていた教育の自由化をめぐっては，個性重視という表現となり，画一性，硬直性，閉鎖性を打破して，個人の尊厳，自由・規律，自己責任の原則を確立することが示された。行政改革全体が「規制緩和」をキーワードとする中で，教育の自由化や個性という論点が強調され，競争や企業の論理が学校にもち込まれるのではないか，と教育界では懸念が広がった。

　この臨教審答申を前提として，1989（平成元）年3月に学習指導要領の全面的な改正が行われた。科学技術の進歩や情報化，国際化，価値観や家族形態の多様化など社会の変化に対応する観点から，基礎的基本的内容の重視，個性を生かす教育の充実，自ら学ぶ意欲を高め，各教科における思考力，判断力，表現力等の能力の育成の重視が示された[*4]。さらに，知識・理解に加えて，学習評価の観点別評価項目として情意面を評価する「関心・意欲・態度」が導入され，評価規準における「関心・意欲・態度」の重要性が明示された。また，小学校1，2年生の社会科・理科が廃止され，生活科が新設された。

＊4　これら学力観を文部省は後に「新しい学力観」と説明するようになる。

4　学力低下論争と教育基本法の改正

　1996（平成8）年7月に出された中央教育審議会（中教審）答申「21世紀を展望した我が国の教育の在り方について」（第一次答申）では，これからの教育のあり方として「ゆとり」の中で子どもたちに「生きる力」を育むことが提言された。

　そして，生きる力を育むために，学校・家庭・地域社会の連携と家庭や地域社会における教育の充実，子どもたちの生活体験・自然体験の機会の増加，生きる力の育成を重視した学校教育の展開，子どもと社会全体の「ゆとり」の確保の必要性が示された。

　また，答申では完全学校週5日制の実施を要請した。学校週5日制は，1992（平成4）年9月から段階的に進められていたが，完全実施の導入が要請されたのである。そのために，教育内容を厳選し，全体として授業時間を削減することも提言された。労働者の労働時間の短縮が要請される社会的状況下で，学校で働く公務員の労働時間を短縮するためには学校の授業自体を削減しなければならないという理由も背景にあった。

　「生きる力」と「ゆとり」を打ち出した中教審答申を受け，1998（平成10）年の小中学校の学習指導要領の改訂では基礎・基本を重視した教育内容の厳選と完全学校週5日制の導入に向けて授業時間数の削減が示され，それに連動して学校教育法施行規則の一部改正により，授業時間の削減と小学校3年生以上に「総合的な学習の時間」が新設された。

　他方，今度は学力低下への危惧が語られるようになる。OECD（経済開発協力機構）が実施するPISA（生徒の学習到達度調査）でこれまで高順位を誇っていた日本の順位が低下したことなども根拠となり，「ゆとり」教育批判が強まることとなる。

　なお，2001（平成13）年1月の中央省庁再編に伴い，文部省と科学技術庁とが統合されて文部科学省が新たに発足した。

　2003（平成15）年5月には文部科学大臣から中教審へ「今後の初等中等教育改革の推進方策について」と題して諮問が行われ，同年10月には答申「初等中等教育における当面の教育課程及び指導の充実・改善方策について」が出され「生きる力」を知の側面から捉えた「確かな学力」を育むことが提言された。さらに，学習指導要領の「基準性」が明確化され，学習指導要領を最低基準とし，共通に指導すべき内容を確実に指導したうえで，子どもの実態をふまえ明示されていない内容を加えた指導も可能であることが示された。この答申

ではこれまでの「ゆとり」路線とは異なる方向性が示されたといえる。

　学習指導要領の全面的な改正は，2008（平成20）年1月の中教審答申「幼稚園，小学校，中学校，高等学校及び特別支援学校の学習指導要領等の改善について」により提起され，この答申は「知識基盤社会」の到来の中で「ゆとり」か「詰め込み」かという二項対立の議論を乗り越え，基礎的・基本的な知識・技能の習得とそれらを活用する思考力・判断力・表現力等を相互に関連付けながら伸ばしていくことが「知識基盤社会」では重要であると指摘する。これまで示されてきた「生きる力」の育成や「確かな学力」の確立という方針を引継ぎ，さらに2006（平成18）年の教育基本法全部改正による教育理念を反映したものとなった。これを受け，学校教育法施行規則の一部改正が行われ，必修科目の授業時数が増加することとなった。

　2006年には，1947年（昭和22）に公布された教育基本法が全部改正された。新しい教育基本法にも前文が示されたが，文部科学事務次官通知「教育基本法の施行について」では，前文の解釈を「本法制定の趣旨等を明らかにするため，旧法と同様に前文を置き，教育において，個人の尊厳を重んじるべきことなどを引き続き規定する一方，新たに，公共の精神を尊び，豊かな人間性と創造性を備えた人間の育成を期することや，伝統を継承し，新しい文化の創造を目指す教育を推進することを規定したこと」と簡潔に示している。教育基本法全部改正を受けて，新たな教育基本法の内容を前提として，他の教育法令の整備もなされた。

●演習課題
課題1：戦前期の日本の教育の特徴や性格は，戦後の教育改革によりどのように変わったのか，考えてみよう。

課題2：2006年の教育基本法全部改正では，1947年の教育基本法のどこが変更され，その後の教育へどう影響したのか，調べて考えてみよう。

●参考文献
日本近代教育史事典編集委員会編『日本近代教育史事典』平凡社，1971.
大田堯編著『戦後日本教育史』岩波書店，1978.
久保義三他編『現代教育史事典』東京書籍，2001.
古沢常雄・米田俊彦編『教育史』学文社，2009.
平田諭治編著『日本教育史』ミネルヴァ書房，2019.
髙橋陽一『新しい教育通義〔増補改訂版〕』武蔵野美術大学出版局，2023.

コラム　　　　夜間中学校という「鈍行列車」

「私は幼い時から家が貧しかったから学校へ行くことができなかった。ずいぶん年をとって，私は私の汽車を見つけた。それは夜間中学という鈍行列車」

　これは，ドキュメンタリー映画「こんばんは」（2003（平成 15）年公開，森康行監督）の冒頭に出てくる字幕である。戦後の混乱期には，小中学校に通いたくとも，家庭の事情で就労を余儀なくされたり，様々な事情により不就学，長期欠席となっている子どもたちが多数存在した。そのような地域では，学校の教師たちが夜間に授業を行うようになり，「夜間中学校」「夜間中学」と呼ばれる学級が 1950 年代を中心に全国あちらこちらに開設されるようになった。当初は学齢期の子どもたちを対象としていたが，学齢を超過した義務教育未修了者や引揚帰国者，在日韓国朝鮮人，不登校経験者，ニューカマーの在日外国人，近年では不登校により中学校を形式的に卒業したため学び直しを求める人々など，様々な背景を抱える人々へ教育機会を提供する学校として今日に至る。

　2016（平成 28）年には「義務教育の段階における普通教育に相当する教育の機会の確保等に関する法律」が公布され，その開設が整備された。文部科学省は夜間中学校の設置を促している状況もあり，全国的に増設されてきている（2023（令和 5）年 4 月現在：17 都道府県 44 校）。「こんばんは」から始まる夜間中学校では，年齢も国籍も母語も，学習の習熟度もスピードも（「ひらがな」やかけ算九九から始まる生徒も）様々な人々が時には立ちどまり時間をかけながら自分のペースで今日も学んでいる。

第**8**章 学校制度の多様化と学力観

公教育制度は多様な展開をみせている。義務教育学校や中等教育学校の設置とともに学校のあり方も大きく変わってきた。学びのイメージも時代とともに変容している。日本の子どもたちの学力の育成も，国際的な教育改革の動向と連動しており，PISA型学力の育成は，21世紀を生きていく子どもたちに不可欠なものになっている。ここでは，学校制度と学力観の変遷を学びながら，これからの子どもたちに必要な資質・能力の育成とは何なのかを考えてほしい。

1 学校教育の制度・各学校の目標

（1）公教育の原則

19世紀後半の欧米の近代国家では，法制度が整備され国家規模の教育が行われるようになるが，これが公教育の始まりである。その際に重視されたのは，公教育の三原則である「無償性」「義務制」「世俗性（宗教的中立性）」であった。早い段階でこの三原則が法的に確立したのはフランスである。フランスでは1791〜92年に起草されたコンドルセ侯爵（ニコラ・ド・コンドルセ）*1の「公教育草案」の起草以来，国民教育普及のためにこの三原則の実現が急務の課題だったが，1886年のゴブレ法と1889年の初等教育費負担法の制定によりようやくそれが実現した。こうした欧米の影響を受け，日本では1872（明治5）年の学制の頒布から近代的な公教育制度の整備が始まるが，真の意味で公教育の三原則が実現したのは，戦後の教育改革が実現してからである。

1）法律（法定）主義に基づく学校設置

戦後の教育の民主化において重要なのは，公教育制度の運営が，戦前のように天皇による「勅令」や官庁等からの「命令」等による「勅令主義」ではな

＊1 コンドルセ

フランスの啓蒙思想家・政治家で，フランス革命以降，立法議会の議員や，公教育委員会の委員長となり，国民教育制度を構想・提案した。公教育という考え方は1772年に提案した「公教育の全般的組織についての報告と法案」に始まるといわれている。

く，唯一の立法機関である国会でつくられた「法律」によって公教育が行われる「法律（法定）主義」になったことである。これは，学校と教育の方針や組織的なあり方が議会制民主主義による国民の総意で行われることになったからに他ならない。2006（平成18）年に59年ぶりに全部改正された教育基本法の第6条には，「法律に定める学校は，公の性質を有するものであって，国，地方公共団体及び法律に定める法人のみが，これを設置することができる」とされ，その意味では国立学校，公立学校の他に学校法人としての認可を受けている私立学校も公教育を行っている学校と見なすことができる。さらに各種の学校は，学校教育法第5条の規定「学校の設置者は，その設置する学校を管理し，法令に特別の定めのある場合を除いては，その学校の経費を負担する」に基づいて，設置者が学校を管理することになっている。その管理主体とは，同法第2条第1項にあるように，国立学校は各大学の国立大学法人であり，公立学校は地方教育行政法による都道府県・市町村教育委員会，私立学校は学校法人の理事会である。

2）地方分権主義と教育の自律性

公教育制度は，戦前の中央集権的なものから，各自治体の地方自治の理念に基づいた地方分権的な制度へと大きく変えられた。そのため，特に公立学校の管理主体である教育委員会[*2]には，各地方の実情に合った教育を行う「教育の自律性」が保障されている。例えば，国の教育行政機関である文部科学省は，都道府県教育委員会に対して，原則的には「指揮・命令」を行えず，実施できるのはあくまでも「指導・助言」の範囲に限られている。こうした関係は，都道府県教育委員会と市町村教育委員会との関係性においても同様で，都道府県教育委員会は市町村教育委員会に指導・助言を行えるだけである。さらに，こうした教育の自律性は，教育基本法第16条で規定されているように，教育が「不当な支配に服することなく」法律に定めるところによって行われることを意味しており，地方公共団体の一般行政とは一線を画した教育行政の独自性が保障されている。ただ，教育行政が一般行政から独立しているとはいえ，教育行政関連の諸々の事業の予算執行権は地方公共団体の長がもっており，その点では一般行政から教育行政が完全に独立しているとは言い難い面もある。

（2）学校種の違いと学校体系の変遷

1）多様な一条校の学校

先述したように設置者の違いにより，その管理のあり方は多様であるが児童生徒の発達の段階の違いによって学校の名称も異なることはいうまでもない。

*2　教育委員会

教育に関する事務一般を管理執行するために各地方公共団体に置かれる行政員会である。基本的には，教育における地方自治を，教育行政の首長から独立して行う組織である。教育委員会の最高責任者は，各地方自治体の首長によって直接選ばれる1期3年の教育長である。

学校教育法の第1条には，「この法律で，学校とは，幼稚園，小学校，中学校，義務教育学校，高等学校，中等教育学校，特別支援学校，大学及び高等専門学校とする」されており，教育基本法の第6条にある「法律に定める学校」とは，この第1条に記載された学校のことを指し，これらの学校を「一条校」と呼んでいる。そのため，教育法規的にいえばこの一条校が「学校」を意味する。一条校に記載されている各種の学校には，それぞれに教育目的がある。以下，小・中学校と高等学校の教育目的を確認しておきたい。

学校教育法　第29条・第45条・第50条

第29条　小学校は，心身の発達に応じて，義務教育として行われる普通教育のうち基礎的なものを施すことを目的とする。

第45条　中学校は，小学校における教育の基礎の上に，心身の発達に応じて，義務教育として行われる普通教育を施すことを目的とする。

第50条　高等学校は，中学校における教育の基礎の上に，心身の発達及び進路に応じて，高度な普通教育及び専門教育を施すことを目的とする。

表8−1の学校基本調査（令和5年度）によれば，これら一条校の小・中学校，高等学校の在学者数は軒並み減っており，過去最少になっている。

逆に過去最高の数になっているのが，一条校の学校を制度的に接続させた義務教育学校（小・中）と中等教育学校（中・高）である。義務教育学校は，学校

〈在学者数〉
○幼稚園は，84万2千人で，前年度より8万1千人減少。
○幼保連携型認定こども園は，84万3千人で，前年度より2万2千人増加し，過去最多。
○小学校は，605万人で，前年度より10万2千人減少し，過去最少。
○中学校は，317万8千人で，前年度より2万8千人減少し，過去最少。
○義務教育学校は，7万6千人で，前年度より8千2百人増加し，過去最多。
○高等学校は，291万9千人で，前年度より3万8千人減少。
○中等教育学校は，3万4千人で，前年度より5百人増加し，過去最多。
○特別支援学校は，15万1千人で，前年度より2千7百人増加し，過去最多。
○専修学校は，60万8千人で，前年度より2万8千人減少。
○うち高等課程は，3万3千人で，前年度より5百人減少。
○各種学校は，10万8千人で，前年度より6千1百人増加。
〈教員数〉
○教員全体に占める女性の割合は，中学校で44.6％（前年度より0.3ポイント上昇），義務教育学校で54.2％（前年度より0.6ポイント上昇），高等学校で33.4％（前年度より0.3ポイント上昇），中等教育学校で35.7％（前年度より1.1ポイント上昇），特別支援学校で62.8％（前年度より0.2ポイント上昇）となり，それぞれ過去最高。

表8-1　2022（令和4）年度の在籍者数と教員数
出典）文部科学省「令和5年度学校基本調査の公表について（報道発表）」2023.

教育法の改正により2016（平成28）年に創設された学校であり，中等教育学校は，1998（平成10）年の学校教育法改正に伴って，高度な普通教育および専門教育を一貫して行う学校として新設された。これらの学校の設置数は，年々増加しており，義務教育学校は2018（平成30）年は82校にすぎなかったが，2023（令和5）年には207校に急増し，中等教育学校も53校から57校に増えている。この2つの学校の創設により，戦後長らく踏襲されてきた，いわゆる「単線型学校体系」は大きく変わることになった。

2）学校体系の変遷

　児童生徒の進路において，その後どのような学校に進学できるのかは重要な問題である。学校制度において，進路先の接続体系のことを学校体系と呼んでいる。ヨーロッパ諸国では，貴族等の上層エリート階級が進める学校と一般大衆が進むべき学校が区別され，社会的地位は，進むべき学校によって決定づけられていた。そのため，全国民が共通して学べる学校が存在しないので，途中でその後の進路が閉ざされてしまう「複線型学校体系」が主流であった。それは，身分制を前提とした不平等な学校体系であるといってよい。

　日本の場合は，明治維新以降急速な近代化を行う必要があったため，当初か初等教育の充実が重要であり，共通の尋常小学校（下等小学・上等小学）を設置するなど義務教育制度をいち早く導入した。ただ初期段階では，上位学年に進級するために試験が課せられており，上等小学までたどり着ける児童は決して多くなかったといわれている。さらに，中等教育段階では，エリート教育と非エリート教育が分離される学校体系になっていた。しかもこれら2つの教育を架橋する学校制度はなかったといってよい。こうした学校体系は，戦後の日本においては民主的な米国の方式にならい，進路による学校が限定されない「単線型学校体系」へと移行することになった。いわゆる「6・3・3・4」制の学校体系である。これによって学校体系の単線化が実現した。ただ，その後の学校教育法の改正で義務教育学校や中等教育学校が新設されたことにより，現在では初等教育段階で単線型学校体系が維持されているが，中等教育段階以降は「分岐型（フォーク型）学校体系」になっている。

2　学校の多様化と円滑な接続

（1）義務教育学校の必要性

　義務教育学校が制度化された直接的なきっかけになったのは，教育基本法と学校教育法等の改正と，学習指導要領の改訂が大きいといえるだろう。特に

2008（平成20）年の学習指導要領改訂に伴い，多くの教科で授業時間数が1割近く増え，学ぶべき内容の量的・質的な向上が求められたことは，義務教育学校の開設に大きな影響を与えた。というのも教育内容の量的・質的向上には，小学校と中学校が相互に連携して円滑な接続が可能となる系統性のあるカリキュラム・マネジメント[*3]を行う学校が必要になったからである。9年間の連続性をもったシステムで学びが展開できる義務教育学校は，まさにこうした要請に応えられる学校であった。9年間の内訳は，前期課程6年間，後期課程3年間である。そのため，従来の小中一貫校のように6年間の小学校と3年間の中学校でそれぞれ独立しながら一貫性を保持するのではなく，前期と後期の課程が相互に密接な関係性をもってカリキュラム編成がなされている。教育体制についていえば，義務教育学校は一人の校長が担当し，教職員は小・中学校の両方に取得を義務付けられているが，小中一貫校は基本的にそれぞれの学校種の免許取得者が担当し，校長も小・中学校は別々になっている。

（2）中1ギャップへの対応

　学校現場において，いじめ，不登校，校内暴力等の教育問題が日常的に生起するようになって久しい。こうした問題が起こるのは，小学校から中学校に入って教育環境が大きく変わることに起因している。これを「中1ギャップ」と呼び，近年問題にされている。義務教育学校をこうした中1ギャップの解決に役立てようとする動きがある。中1ギャップの原因は様々であるが，授業面では小・中の授業スタイルの変化があげられる。全員の授業理解を優先する小学校に対して，中学校では生徒の自主的な勉強が求められることが多くなり，それに対する戸惑いを感じる生徒が多いといわれている。さらに人間関係では，校則等によるルールの順守や，「縦社会」による学年間の上下関係は，特に部活等でいじめを誘発させやすい。生徒自身の心的変化も大きいといえるだろう。近年，小・中学校の子どもたちの早熟化は，思春期の到来を早めているといわれ，多くの調査では小学校高学年から自己肯定感の低下が問題になっている。この時期の多くの子どもが，自分の言動に否定的・消極的になる傾向が強い。こうしたことが，いじめや不登校の遠因になっているとの指摘もある。

　義務教育学校の9年一貫の環境は，一般学校のように小学校と中学校の区別がないため，生徒の日常的環境や人間関係の劇的な変化をもたらさないし，上級生と下級生相互の思いやりや憧れが生み出される可能性がある等，異学年交流のよさを生かすことができる。また，教員同士における児童生徒の情報共有や，継続的な指導ができ，児童生徒の個々の特徴や個性に合わせたスピード感ある生徒指導ができるメリットがある。

＊3　カリキュラム・マネジメント
　学校や地域の現状について的確に把握し，教育目標の実現に必要な教育内容等を教科等横断的視点で組み立て，教育課程の実施状況を評価して改善を図る教育経営を指す。2008（平成20）年，2017（平成29）年の学習指導要領に改訂においては，各学校が教育課程や指導方法等を継続的に見直すことを求めている。詳しくは第9章参照。

　ただ，9年一貫の学校制度は，9年間児童生徒の入れ替わりがないことから，必然的に人間関係の固定化を生んだり，学校規模が大きくなることで細部にわたる教員の指導が行き届かなくなることも懸念される。

（3）中等教育学校の現状と課題

　従来より中学校に高等学校を併設した中高一貫校は，私立を中心に数多く開設されていた。ただ，この種の学校には中・高の制度的一貫性はあるにしても，基本的には別々の学校として設置が必要であった。その意味では，1998（平成10）年の学校教育法の改正による「中等教育学校」の創設は，単一の学校で中・高の教育を行うことができるようになった点で従来の中高一貫校とは一線を画するものである。6年一貫制で教育を行う中等教育学校では，中学校担当の前期課程と高校担当の後期課程になっており，個々の学校の判断によって中学校と高校の内容を入れ替えることもカリキュラム編成上特例として認められている。そのため前期課程と後期課程の6年間の学校生活を生かして，継続的かつ計画的な特色ある教育指導を行うことができる。

　中等教育学校の最も大きなメリットは，中・高の区別のない1つの学校なので，高校進学のための受験がないことである。そのため，前期課程の3年間では高校受験を意識した学びをする必要がなく，生徒個々人のペースに合わせた学習活動が可能となる。学習面以外の特別活動的な教育においても，異学年交流のメリットは大きいといわれている。学校行事や生徒会活動等ではこうした全校合同の活動が可能となる。生徒指導の面でも効果は大きい。前期課程の生徒たちは，いわゆる思春期・反抗期である者も多く，精神的に不安定な状況になりがちだが，後期課程後半の生徒たちは年齢的には成人に近いこともあり安定した精神状況で前期課程の生徒たちと付き合えるので，異学年交流による社会性育成にも効果が大きいと思われる。ただ，学校生活においては義務教育学校同様に，6年間同じ生徒が学校生活を送ることで人間関係の固定化が起こる懸念がある。さらに身体面や精神面での成長段階が大きく異なる6学年の生徒が同じ場所にて生活することから，学年間の上下関係の問題を通した居心地の悪さの弊害も指摘されている。

　中等教育学校は2023（令和5）年で57校であるが，過去5年間の増加数はそれほど変化しておらず，義務教育学校ほどの開設の広がりをみせてはいない。

（4）小1プロブレムと保幼小連携・接続の問題

　小学校から高校までの教育改革と比べると，就学前教育の保育所・幼稚園・認定こども園等と学校教育である小学校との連携・接続には多くの問題があ

る。この種の問題が大きな注目を集めたのは1990年代後半であり、メディア
が「学級崩壊」*4という言葉で教育現場の深刻な状況を伝えるようになってか
らである。

　学級崩壊とは、小学校の児童が教員の指示に従わないほどの私語や立ち歩き
を繰り返すために授業が成立しない状況を指し、その状況が1か月を超えて続
くことで学級の集団教育機能を果たせないことをいう。1999（平成11）年文部
省は大規模調査を実施した結果を受け、学級崩壊という用語を使う悪影響や、
事態を多様な側面から捉える妨げになるとの見解に基づき「学級がうまく機能
しない状況」という表現を使うようになった。その後メディアでも保育所・幼
稚園等の「遊び」中心の学びと、小学校の集団教育も意識した学びの違いや、
それらに起因する構造的問題が背後にあることが広く認知され、近年では「小
1プロブレム」という表現が使われれるようになった。

　小1プロブレム解決のためには、保育所・幼稚園等と小学校が連携する「保
幼小連携」が欠かせない。しかもその際に重要なのは、幼児教育の位置付けで
ある。2006（平成18）年に改正された教育基本法第11条では、幼児期の教育が
「生涯にわたる人格形成の基礎を培う重要なもの」との規定がなされ、学校教
育法第22条でも幼稚園教育が「義務教育及びその後の教育の基礎を培うもの」
であるとされ、保幼小連携の一貫性が法規的に明確になった。このような法改
正を受け、2008（平成20）年の保育所保育指針や幼稚園教育要領、小学校学習
指導要領の改訂では、小学校の教科「生活科」において保幼小連携を意識した
「スタート・カリキュラム」が組み込まれることになった。2017（平成29）年
に改訂された学習指導要領には、スタート・カリキュラムが明確に位置付けら
れ、保育所・幼稚園等における幼児の「遊び」を中心にした活動を生かしなが
ら、小学校の児童に求められる規範意識育成を目指す教育活動への模索が続い
ている。

3　「新しい学力観」から「確かな学力観」へ

（1）臨時教育審議会と「新しい学力観」

　高度経済成長から低経済成長に入る1970年代前半には、競争主義の歪みが
生み出したとされる教育荒廃現象が問題になった。特に、詰め込み主義教育*5
が生んだ「落ちこぼれ」問題への対応や、そのための教育内容の改善・改革は
最優先事項とされた。

*4　学級崩壊
　1998年　にNHKが
「広がる学級崩壊」と
いう番組を放映して以
来、各メディアが主に
小学校の教育現場で学
級が集団教育機能を十
分に生かせない状況を
指す用語として使われ
た。保幼小連携の動き
を加速させるきっかけ
となったといわれてい
る。

*5　詰め込み主義教
育
　教育活動の成果を、
専ら知識量の増大に置
き、暗記中心の学習を
推奨する学力観がベー
スになっている。その
種の教育は、質の高い
均質な労働力の確保が
急務の課題であった高
度経済成長期には有効
だったが、そうした教
育についていけない落
ちこぼれの児童生徒を
数多く生み出した。

1977（昭和52）年の学習指導要領の改訂は，そうした問題への対応の始まりとされている。この学習指導要領では基準の大綱化によってカリキュラムの「弾力化」が図られ，小・中学校の学習内容と授業時間数の大幅削減と創意工夫する学習活動の創設が求められた。文教政策のこうした方向性は，1989（平成元）年の学習指導要領改訂にも継承され，その改訂に大きな影響を与えたのが臨時教育審議会（1985〜87年）[*6]である。臨教審は，当時の中曽根康弘首相の諮問に応じて組織された審議会で，幅広い文教政策問題と今後の方向性を示した4回の答申を行った。臨教審で強調されたのは，「個性重視の原則」「生涯学習体系への移行」「国際化，情報科など変化への対応」であり，その後の文教政策を主導する「ゆとり教育」の基点となる役割を果たした。1989年改訂の学習指導要領には，このゆとり教育による「新しい学力観」に基づく教育が盛り込まれている。それは偏差値教育に代わる教育であり，児童生徒の学習目標として，「知識・理解・技能」の習得以上に，「関心・意欲・態度」を重視し，「思考力・判断力・表現力」に裏づけられた「自己教育力」の育成を目指す学力観であった。そこには，急激に変化する現代社会で生涯にわたって学び続け，生き抜いていくための諸能力育成を重視する学力論がベースになっていた。こうした学力観は，1998（平成10）年の学習指導要領にも受け継がれ，「総合的な学習の時間」を中心に個性を尊重し，興味・関心を重んじる教育や体験活動が行われ，ゆとりある教育環境の中で「生きる力」を育む教育が重視された。

（2）学力低下問題と「確かな学力」の育成

1998年の学習指導要領は，ゆとり教育の集大成と見なされたが，他方でこの時期から学力低下問題が浮上した。特に注目されたのは，2004（平成16）年に公表されたOECD[*7]による15歳の学習到達度調査（PISA）の結果であった。日本の子どもたちの成績は前回の2000（平成12）年よりも大幅に低下し（本章「4　PISAと日本の子どもたち」参照），「PISAショック」と呼ばれた。調査対象の「読解力」「数学的リテラシー」「科学的リテラシー」の中でも，特に読解力の低下が著しく，文部科学省はこれまでの「新しい学力観」に代わる新たな学力観の必要に迫られ，「確かな学力観」が打ち出された。これは知識・技能の習得はもとより，学ぶ意欲や，自ら課題を見つけ，学び，考え，主体的に判断・行動し，問題を解決していく「資質・能力」の育成を重視する学力観である。

このような学力観には1997（平成9）年から2003（平成15）年にかけてOECDが組織した21世紀型能力を検討するプロジェクト（DeSeCo）で提唱さ

＊6　臨時教育審議会

1980年代から深刻化していた教育荒廃（落ちこぼれ問題，校内暴力，いじめ・不登校等）に対処すべく，文部省所轄の中央教育審議会ではなく，首相直属の諮問機関として，長期的展望に立つ教育改革を行うために組織された。委員の大部分が教育関係者以外であったことも話題になった。

＊7　OECD

EU（欧州連合）諸国，米国，日本を含む38か国（2022年時点）の加盟国によって構成されており，様々な分野の政策提案・調整や，意見交換を通した相互連携を行う国際的なシンクタンクの役割を果たしている。教育分野では，PISA調査等，加盟各国における教育改革の推進，教育水準の向上のために支援している。

れた「キー・コンピテンシー（competency）」*8の考え方が織り込まれている。同プロジェクトでは，①自律的に活動する力，②相互作用的に道具（ツール）を使いこなす力，③異質な集団で交流する力の育成を求めているが，これらの諸能力は，単に知識・技能を習得する力だけでなく，それらを使って複雑な社会的要求に応えられる実践的諸能力を意味していた。確かな学力観の考え方は，その後の2006（平成18）年の教育基本法の改正や，2007（平成19）年の学校教育法の改正にも影響を与え，特に改正された学校教育法第30条第2項には，「学力の三要素」と呼ばれる次の3つの項目，①基礎的な知識及び技能の習得，②基礎的な知識・技能を活用して課題を解決するために必要な思考力，判断力，表現力その他の能力の育成，③主体的に学習に取り組む態度の養成が規定されている。これらの法律改正を受けて2008（平成20）年の学習指導要領では，習得された知識・技能を活用できる諸能力の育成が盛り込まれ，さらに2017（平成29）年の学習指導要領改訂の方向性には，図8－1のような3つの教育目標が提示された。

このように2017年の学習指導要領では「何を学ぶか」に関しては，知識・技能の学習内容の削減は行わないが，知識・技能の単なる習得ではなく，生きて働く能力の習得が重視され，「どのように学ぶか」では質の高い学習を行う

*8　コンピテンシー

コンピテンシーという英語には，「優れた成果を生み出す行動特性」としての「資質」「能力」「力量」等の意味がある。換言すれば，人間の具体的言動で確認できる「知識」「技能」「行動」等とは違い，それらを獲得しようとする「動機付け」を高める「意識」等の可視化できない「行動特性」のことを意味する。

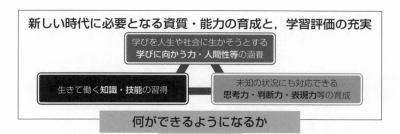

図8-1　2017（平成29）年学習指導要領改訂の方向性
出典）文部科学省「新しい学習指導要領の考え方」2017, p.12.

ために「主体的・対話的で深い学び（アクティブ・ラーニング）」が可能となる学習過程の改善が求められている。さらに，最も重要な「何ができるようになるか」では，「学びに向かう力・人間性等」の育成のために，知識・技能を十分に活用しながら未知の状況にも対応できる「思考力・判断力・表現力等」を身に付けることが求められた。また一連の学習過程を通して，資質・能力の育成がどれだけ成果を上げたのかを判断する「学習評価」の創意工夫も重視されている点に注意したい。

4　PISAと日本の子どもたち

（1）PISA調査の概要

すでに指摘したようにPISA調査の結果は，日本の子どもたちの学力低下が問題視される1つのきっかけとなったが，近年PISAの結果は多くの国の文教政策に影響を与え始めている。ここでは改めてPISAについて確認しておきたい。PISAは，OECDが2000年から3年おきに行っている国際的な子どもの学習到達度調査であり，義務教育を終えた15歳（日本の場合は高校1年生）が受けるいわば国際テストとして広く認知されている。2023年のデータでは，世界79か国，約60万人の生徒が参加している。試験時間は20～30分程度で，試験内容は3つの分野に分かれており，「読解力」「数学的リテラシー」「科学的リテラシー」[*9]の中から実施年ごとにどれか1つを重点的に調査する。

＊9　リテラシー

元来，「リテラシー（literacy）」という言葉は，「読み書きする能力」のことを指していたが，今日では「特定の分野の知識を理解し，それを活用する基本的な能力」のことを意味している。リテラシーは「知識を活用する能力」であるのに対して，コンピテンシーは，「優れた成果につながる行動特性」のことを意味している。

（2）PISAの成績と日本の高校生の現状

2000～2022年のPISA試験の順位の変遷は図8－2の通りである。日本のPISAの成績低迷は，2003年と2018年が顕著である。先に指摘したように2003年の成績低下では文教政策を転換させるきっかけになったが，2018年の読解力の順位がOECD加盟国では前回の6位から11位になったことが問題となった。

OECDは読解力を次のように定義している。「自らの目標を達成し，自らの知識と可能性を発達させ，社会に参加するために，テキストを理解し，利用し，評価し，熟考し，これに取り組むこと」。注目したいのは，2018年に変更された箇所（下線部）である。まずテキストについては，2018年から，試験形式そのものがコンピュータ使用型に移行し，「デジタルテキスト」をふまえた出題になった。そのため設問には，従来のような書物に「書かれたテキスト」ではなく，オンライン上の多様な形式のテキスト，すなわちWebサイトの文

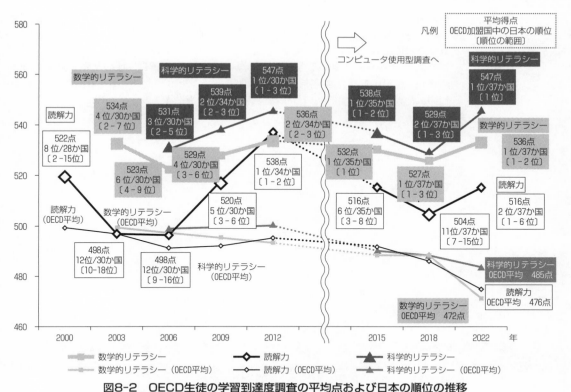

図8-2　OECD生徒の学習到達度調査の平均点および日本の順位の推移
出典）文部科学省・国立教育政策研究所「OECD生徒の学習到達度調査PISA2022のポイント」2023，p.3

章，投稿文，電子メールなどのテキストが使われた。さらに，議論の信憑性やテキストの書き手の視点を分析・検討できる能力をみるため，テキストを「評価する」文言が付け加えられた。国立教育政策研究所は，受験後の生徒への調査回答から読解力低下の問題点を次のように分析している。日本の生徒たちは，いくつかのテキストを読んで問題に取り組んだり，テキストの信憑性やテキストの質を評価することが苦手で，そのため具体的な根拠を示して自分の考えを他者に伝えることに慣れていない。特にそうした傾向は，読解力の自由記述形式問題で顕著であった。すでに2008年の学習指導要領以降，知識・技能を習得し，それを活用する学習が重視されてきたとはいえ，日本の生徒たちには未だにその成果が十分に表れていないように思われる。

●演習課題

課題1：「新しい学力観」と「確かな学力観」との違いを考えてみよう。
課題2：PISA調査の読解力の向上のためにはどのような学習が必要だろうか。

●参考文献

小川哲哉編著『教育改革と現代社会』青簡舎，2023.

高妻紳二郎編著『新・教育制度論〔第2版〕』ミネルヴァ書房，2023.

国立教育政策研究所編『生きるための知識と技能7　OECD生徒の学習到達度調査（PISA）2018年調査国際結果報告書』明石書店，2019.

田中耕治他著『新しい時代の教育課程〔第4版〕』有斐閣アルマ，2018.

コラム　イエナ・プラン教育の学校の可能性

　日本では学校教育法第1条に規定された諸々の学校において公教育が行われている。特に公立学校の教育内容は，学習指導要領等において規定されており，一定の教育水準が維持されている。ただ日本には私立の学校や，法的根拠によらない学校も存在している。その1つの事例として取り上げたいのが「イエナ・プラン教育」の学校である。

　イエナ・プラン教育は，1924年にドイツのイエナ大学のペーターゼンによって始められた教育で，その後日本をはじめ各国に広まったが，最も普及したのはオランダで，1960年に初のイエナ・プランによる学校が創設されてから2020年までには200校以上のイエナ・プランによる小学校が存在している。イエナ・プラン教育では，一人ひとりの個性を尊重しながら異年齢のクラス編成によって多様性を学ぶことが重要とされている。勉強法は実にユニークで，子どもたちが自分で1週間の学習計画を立て，その計画に従った個別学習が基本となる。学習評価もテストの点数によるのではなく，子どもたちの学習日記や提出物等によるポートフォリオに基づいて，導き役としての教師が子どもたちの個性を尊重する評価を行っている。一定の基準に規定された従来の学校とは違い，柔軟なカリキュラムを組めることや多様な年齢の子どもたちとの交流が可能となることから，独自な教育実践が期待できる。

　近年，不登校の事情で学校に行けない子どもたちのためのフリースクールにおいて，イエナ・プラン教育を採用するケースも増えている。

第**9**章 教育課程と
学習指導要領

　本章では，教育課程の意義，カリキュラムの類型とその特質，学習指導要領などについて解説する。修業年限が定められている学校では，学習者の心身の発達に応じて教育目標や教育内容を総合的に組織した教育計画である教育課程（カリキュラム）を編成する必要がある。学校観や学校教育へのニーズにより，現在までに種々のカリキュラムが開発された。それらをふまえ，日本の学校教育におけるナショナル・スタンダードである学習指導要領の変遷について考察する。

1　教育課程の基本

（1）教育課程とカリキュラム

　近代の学校は，将来の国家や社会の形成者としてふさわしい人格形成を目的として，個人の特性・能力に応じた普通教育や専門教育を施す組織的・計画的な教育機関である。よって，国家・学校・教師は学校の目的を達成するための明確な計画を必要とする。この教育計画を「教育課程」と呼んでいる。学校教育の現場では「教育課程」のほかに「カリキュラム」という用語もほぼ同義語として使用さていれる[1]が完全に同一の内容を示すものではない。

1）教育課程

　「教育課程」という用語は「カリキュラム（curriculum）」の訳語として使用される教育行政上の用語である。戦後の日本において「教育課程」の用語が使用されたのは1947（昭和22）年の文部省設置法からで，1951（昭和26）年の『学習指導要領一般編（試案）』において「児童や生徒がどの学年でどのような教科の学習や教科以外の活動の内容や種類を学年別に配当づけたものを教育課程」と規定した。これにより，教育課程は教科指導とともに教科以外の諸活動

を包含する用語となり，児童生徒の望ましい成長や発達には教科と教科外の活動を構造化した教育内容編成が必要となった。さらに1978（昭和53）年の文部省（当時）『小学校指導書・教育課程一般編』では「学校教育の目的や目標を達成するために，教育の内容を児童・生徒の心身の発達に応じ，授業時数との関連において総合的に組織した学校の教育計画」であるとした。

2）カリキュラム

「カリキュラム」は英語のcurriculumをカタカナ表記したもので，その語源は馬場の走路を意味するラテン語のcurrereである。その後，学習者が目的（goal）に向かってたどる課程（course）での活動や経験を意味する学術用語となった。

　日本における用語としての「カリキュラム」は，経験主義に基づいた戦後新教育期や大学等の高等教育機関で用いられたものの，普通教育を施す小・中・高校ではほとんど用いられることはなかった。1975（昭和50）年に文部省が刊行した報告書『カリキュラム開発の課題』により，再び小・中・高校でも使用されるようになり，1998（平成10）年の学習指導要領改訂後，「教育課程」とともに広く使用されるようになった[*1]。

3）カリキュラムの類型

　教えるべき知識・技術の量的増大のほか，経験主義や本質主義といった教育的視座の違いにより，今までいろいろな種類のカリキュラムが考案・実践されてきた（図9-1）。

　①　**教科カリキュラム**（subject curriculum）　国語，数学，化学，物理，歴史，地理などの教科を分立させるカリキュラムで，学問体系を重視する。その特徴は，学問における系統的知識の教授が効率的で計画的に実施できること，学習目的が学問分野の知識・技術の獲得として学習者に提示されるので一斉教授に適していること，到達目標が明確となり客観的評価を行いやすいことである。他方，学問体系に基づく知識・技術の習得が優先されるので，学習者の興味・関心に対応しづらいことが指摘されており，学習の動機付けに工夫を要する。

　②　**相関カリキュラム**（correlated curriculum）　教科の学問的枠組みを保持しながら，各教科間で共通する教育内容の関連に配慮しようとするカリキュラムである。しかし，思いつきのレベルで行う場合が多いことや，その試みが不徹底に終わるおそれがある。

　③　**融合カリキュラム**（fused curriculum）　関連深い複数の教科を統合して編成するカリキュラムで，教材の統一性を担保しようとする。典例として，物理・化学・生物・地学を融合した「理科」や，歴史・地理・公民を融合

*1　「学校で編成する教育計画」と限定的に捉える「教育課程」に対して，「カリキュラム」という用語は，教える側の教育目的・目標を達成するための計画・方法・手段の側面とともに，学ぶ側の学習経験という側面も含んでいる。

1．教科カリキュラム（subject curriculum）

2．相関カリキュラム（correlated curriculum）

3．融合カリキュラム（fused curriculum）

4．広領域カリキュラム（broad-field curriculum）

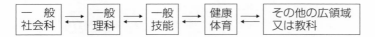

5．コア・カリキュラム　　　　6．経験カリキュラム
　　（core curriculum）　　　　　　（experience curriculum）

図9-1　カリキュラムの類型

出典）山﨑準二編著『新版教育の課程・方法・評価』梓出版社，2016，巻末資料6．

した「社会科」をあげることができる。

　④　**広領域（広域）カリキュラム（broad-field curriculum）**　　融合カリキュラムで提示する教科を，さらに少数の教科・領域として構成しようとする。第一次世界大戦後，アメリカの大学教育において専門教育に進むための基盤となる教養教育として初めて導入され，後に一部の中等学校でも採用された。教科科目を解体し広範囲にわたる教育内容を，人文科学・社会科学・自然科学という領域に編成するカリキュラムである。

⑤　**コア・カリキュラム**（core curriculum）　教科科目のほか，生活の中から生まれる学習者の課題や興味・関心をひく事柄などを中核（コア）課程として設定し，それを深化させる知識技術をその周縁部に配置するカリキュラムである。コア・カリキュラムは1930年代にアメリカの初等学校で普及したカリキュラムで，20世紀に入り初等中等学校正課の教科数が激増したことに対応するため，増大していく教育内容を「最小限の基本的内容」を柱としつつ学習者の課題や要求などに基づき再構成したカリキュラムである。

⑥　**経験カリキュラム**（experience curriculum）　学習者の日常生活に即した経験を重視し，彼らの興味・関心・欲求に従って編成するカリキュラムである。知識・技術を伝達する効率性を求めるよりも，現実の社会や日常生活において学習者が経験・体験したことを重視しようとする。学習者の興味・関心等に応じた学習を志向するため一斉教授には適さず，少人数の個別学習やグループ学習の形態を志向する。

（2）隠れたカリキュラム

　どのようなカリキュラムを採用し編成するのかは公教育の重要な課題であり，また各時代の教育思潮がカリキュラム策定に大きな影響を与えたことは間違いない。しかし，1960年代以降，主として教育社会学の研究成果により学校ではフォーマルなカリキュラムではなく，教師や仲間から暗黙裏に望ましい知識・性向・意識などを伝達されていることが指摘された。それを「隠れた（hidden）」あるいは「潜在的（latent）」カリキュラムと呼び，フォーマルなカリキュラムである「顕在的カリキュラム」と区別するようになった。

1）ブルデュー

　フランスの社会学者であったブルデュー（Bourdieu, P. : 1930-2002）は，「文化資本」「社会関係資本」などの造語や「ハビトゥス（habitus）」などの概念を用いて研究を行った。

①　**ハビトゥス**（habitus）　ハビトゥスとは，生活の諸条件を同じくする人々の日常経験において蓄積される自覚されない知覚・思考・行為を生み出す性向のことで，訳語としては「習い性」が適当だろう。ブルデューはハビトゥスと言語活動の事例として，実在しない架空の言葉「ジェロファジー」の意味を問う語彙テストの場面をあげている。上流階級出身の学生は平然とそしらぬ顔でもっともらしい定義を解答するが，労働者階級や中間階級出身の学生は「何も思い浮かばない」や「定義を知らない」と答えた。言語を容易に操る能力とみえるものは，実はある特権階級に属することで体得される自信と結びついた屈託のなさ・余裕・無遠慮といったハビトゥスの機能であるとした。

②　**学校と文化的再生産**　　フランスにおける社会階級と教育との関連について分析し，富裕家庭の子弟が進学に有利なのは上品で伝統的正当性をもつ文化・教養・習慣などの「文化資本」を身に付けている度合いが高いためで，その程度が高ければ高いほど高学歴であり，その子どもが親の文化資本を相続することで親と同じく高学歴になることを統計的に実証した。これを「文化的再生産」と呼び，特権的文化の世代間継承とそれを補完・強化する学校の果たす役割を解明した。

２）ウィリス

イギリスの文化社会学者であるウィリス（Willis,P.E.：1945-）は，1970年代にイギリスの中等学校生徒に焦点を当てた『ハマータウンの野郎ども』(*"Learning to Labour : How Working Class Kids Get Working Class Jobs"*) を上梓した。この書では，労働者階級出身の若者が中流階級に対して抱く反抗的な性向を醸成する諸事例を示して学校文化を考察している。

①　**ハマータウン校**　　ハマータウンは産業革命期に成立発展したミッドランドの工業都市で，古典的工業都市の側面と現代的な独占資本主義的側面を併せもつ工業都市である。ウィリスが調査研究していた1980年代前後までのイギリス公教育制度は，階層差を反映したものであった。イギリスでは第二次世界大戦期より中等学校進学・選抜のため11歳以上の子どもたちを対象として「11歳試験（イレブン・プラス）」と呼ばれる競争試験が行われた（1960年代以降，総合制中等学校であるコンプリヘンシブ・スクールの普及に伴い，事実上廃止されている）。この「11歳試験」の成績に応じて上位者はグラマー・スクール (grammar school)[2]，それに次ぐ者はテクニカル・スクール (technical school)[3]に，残余の者は非選抜のセカンダリー・モダン・スクールに編入された。職業教育の比重が高いハマータウン校（後に総合制男子校のコンプリヘンシブ・スクール (comprehensive school)[4]に改編）の生徒は就職を前提としていたが，熟練技術職への上昇志向を肯定するか否かにより進路が分かれた。生産労働の人生へと自己誘導するため反学校文化を受容する生徒と，その彼らが「耳穴っ子」と呼び軽蔑する学校文化に順応しようとする生徒という構図である。

②　**反学校文化**　　ハマータウン校の「野郎ども」は，酒，喫煙，逸脱したファッション，悪ふざけなどの「反学校文化」を積極的に行う。「野郎ども」が反学校的な姿勢にこだわるのは，それが学校への不服従を表す行為であるとともに，「野郎ども」が反抗・結束するときの基準となる成人労働者の価値観・行動様式となっているためである。進路指導の場面において「野郎ども」は，自ら積極的に落ちこぼれて筋肉労働の将来を選びとっていく。彼らは父親たちと同様に肉体労働世界に入ることを当然視し，そのような仕事の世界において

＊2　グラマー・スクール

イギリスにおける大学進学を目的とする公私立の7年制中等学校。ラテン語文法を主に教えたので，この名称となった。第二次世界大戦後，11歳試験で成績上位20％程度の者を入学させた。

＊3　テクニカル・スクール

大学進学を目的とするグラマー・スクール，普通教育と実務教育を結合したモダン・スクールとともにイギリス公立中等教育を担う工業や技芸教育に重点を置いた5年制中等学校である。

＊4　コンプリヘンシブ・スクール

イギリスでは社会階級に応じた中等学校としてグラマー・スクール，テクニカル・スクール，モダン・スクールが存在していた。20世紀となりそれらを統合しようとする統一学校運動が起こり，その潮流により設置されたのが普通教育から職業教育までを教育課程に含むコンプリヘンシブ・スクールである。

何の役にも立たない学校の勉強や教師に対して，意気揚々として反抗していたのである。

2　学習指導要領の変遷

（1）学習指導要領の変遷

1）試案としての学習指導要領

第二次世界大戦後における連合国軍占領下の日本は，軍国主義から民主主義国家への転換がなされた。教育分野では，教育基本法や学校教育法などが新たに制定され，学校体系も複線型から単線型となり，個人の人格尊重，男女共学，教育の機会均等などが求められた。

1947（昭和22）年3月，米国の経験主義に基づく教育の目標や指導方法などを概説した『学習指導要領一般編（試案）』が刊行され，その後，各教科編が続いた。これらは，新しい民主主義的教育の実践を教師自身が研究するための手引きとして作成されたので「試案」と呼ばれる。

小学校の教科は，戦前期の修身・公民・地理・歴史が廃止され，国語・社会・算数・理科・音楽・図画工作・家庭・体育・自由研究となった。児童が社会に正しく対応できる態度・能力を涵養するために「社会科」が新設され，それまで女子のみが学んでいた「家庭科」は男女に課し，児童の自主活動の時間として「自由研究」が設けられた。

中学校の教科は必修教科と選択教科に分けられた。「社会科」と「自由研究」が設けられたほか，義務教育修了後すぐに就職する者が多かった当時の状況に対応した「職業科」（農業・商業・水産・工業・家庭）が必修教科となった。

旧制中等学校[*5]等を母体とした新制高等学校は，小学校・新制中学校より1年遅れて1948（昭和23）年に発足した。そのため『学習指導要領一般編（試案）』の「補遺」で，教科課程は高等普通教育と実業教育（専門教育）に分けて国民共通の教養形成と進路に応じた教科選択をすることなどが示された。

2）系統性重視と教育内容の現代化

① 1958年（小中）・1960年（高）の学習指導要領　1952（昭和27）年にサンフランシスコ講和条約が発効し独立を回復した日本は，それまでの経験主義一辺倒であった学校の教育課程を系統主義を重視することに改め，「告示」形式を採用することで学習指導要領は法的拘束力を有することとなった。

小学校と中学校では，教科外活動として「道徳の時間」が新設され，中学校の「職業・家庭科」が「技術・家庭科」に改められた。

*5　旧制中等学校
　1948（昭和23）年の学制改革以前に存在した（旧制）中学校，高等女学校，実業学校の総称。それぞれ中学校令，高等女学校令，実業学校令に依拠して設置されたが，1943（昭和18）年の中等学校令によってそれらは廃止され，中等学校としてまとめられた。

　高等学校では生徒の能力・適性・進路等に応じた教科目履修を行うこととしたので，教科目数が大幅に増加した。また，外国語が必修となった。

　②　1968年（小）・1969年（中）・1970年（高）の学習指導要領
1957（昭和32）年のスプートニク・ショックにより，ブルーナー*6が提唱した学問中心カリキュラムの構想や理論が各国の教育改革に影響を与えた。日本でも「現代化カリキュラム」といわれる濃厚な学習内容のカリキュラムとなった。授業時数を今までの最低時数から標準時数へと変更し，中学校・高等学校では「クラブ活動*7」を必修とした。

3）人間性重視とゆとり教育

　①　1977年（小中）・1978年（高）の学習指導要領　　各教科などの目標や内容を絞り込むとともに授業時数を削減し，ゆとりある充実した学校生活を実現しようとした。学習指導要領の基準が大綱化され，学校現場の創意工夫が求められた。小学校では教育課程に教科外活動である「特別活動」が新設された。高等学校では必修科目の弾力化と選択科目中心の方針が打ち出され，勤労体験学習の重視や習熟度別学級編成を認めた。

　②　1989年（小中高）の学習指導要領　　新学力観が提示され，社会の変化に自ら対応できる心豊かな人間の育成と個性を生かす教育を目指した。学校教育は生涯学習の基礎を培う段階と位置付けられ，体験学習や問題解決学習を重視した。小学校低学年では，社会科と理科を廃止して「生活科」を新設した。高等学校では，社会科を「地理歴史科」と「公民科」に分割再編したほか，家庭科を男女共修とした。

　③　1998年（小中）・1999年（高）の学習指導要領　　自ら学び自ら考える「生きる力」の育成と生涯学習社会への移行を促そうとした。教育内容を精選し授業時数を大幅削減する一方，「総合的な学習の時間」が新設された。中高校の特別活動において「クラブ活動」が廃止された。高等学校の教科には，普通教科に「情報」，専門教科に「情報」と「福祉」が新設され，また，盲・聾・養護学校の「養護・訓練」が「自立活動」に改称された。

4）学力向上を目指して

　2008（平成20）年（小中）・2009（平成21）年（高）に改訂された学習指導要領では，教育内容削減による学力低下への批判の高まりに対処するため，標準時数の解釈を最低限行う時数に変更するなど，「ゆとり教育」から「確かな学力」向上へと方向転換された。折しも2006（平成18）年12月に教育基本法が約60年ぶりに全部改正され，21世紀を切り拓く心豊かでたくましい日本人の育成を掲げた。

　小学校では，教科以外の教育活動として「外国語活動」を高学年に配置し

*6　ブルーナー
　米国の教育心理学者で，スプートニク・ショックに対応するため1959年に開かれたウッズホール会議の議長を務め，翌年にその議論を集約した『教育の過程』を刊行し，どの教科でも知的性格をそのままに保ち，発達のどの段階の子どもにも効果的に教えることができる」という仮説を提示した。発見学習の提唱者であり，教科の構造化を提示した。

*7　クラブ活動
　教育課程の特別活動に規定された必修の教育活動で，正規の時間割に組み込まれる。1947（昭和22）年の学習指導要領（試案）では教育課程に「自由研究」を設けたがその実施方法としてクラブ活動が示された。1951（昭和26）年の学習指導要領では中高校において「自由研究」を廃止して「特別教育活動」を新設しクラブ活動をそこに位置付けた。だが，中高校では全生徒の必修と明確に規定していなかったので，参加希望者のみで実施する学校も少なくなかった。なお，教育課程外の任意的活動である「部活動」とは異なる。

た。中学校では，体育において男女とも武道（柔道・剣道・相撲）とダンスを必修とした。

なお，2015（平成27）年3月に学習指導要領を一部改正し，教科以外の教育活動であった小中学校の「道徳」を「特別の教科*8」に昇格させた。

（2）生徒指導提要の意義

日本の小学校から高等学校までの教育課程は，各教科と教科以外の教育活動から構成されている。よって，学校教育全体を俯瞰するためには，各教科の指導を中心とする学習指導要領のほか，児童生徒への指導を扱う『生徒指導提要』への理解が求められる。第二次世界大戦後の学制改革以降，学校における「生活指導」は個人へのガイダンス中心から集団指導を志向していく。道徳教育との関連から1964（昭和39）年以降，文部省（現・文部科学省）は「生活指導」の名称ではなく「生徒指導」という用語に統一した。

1）『生徒指導提要』とは

『生徒指導提要』は，「生徒指導に関する学校・教職員向けの基本書」として作成された。小学校から高等学校段階までの児童生徒への指導における理論や実践的指導方法等について網羅的にまとめ，児童生徒への指導の実践に際し教職員間や学校間で共通理解を図り，組織的・体系的な取り組みを進めることができるように編集されている。

2010（平成22）年に初めて作成された『生徒指導提要』は，生徒指導を「一人一人の児童生徒の人格を尊重し，個性の伸長を図りながら，社会的資質や行動力を高めることを目指して行われる」教育活動と定義している。また，生徒指導の機能として，①児童生徒に自己存在感を与えること，②共感的な人間関係を育成すること，③自己決定の場を与え自己の可能性の開発を援助すること，をあげた。

2）『生徒指導提要』の改訂

子どもたちを取り巻く環境が大きく変化し続けていることを受けて，「いじめ防止対策推進法」（2013（平成25）年公布）や「義務教育の段階における普通教育に相当する機会の確保等に関する法律」（2016（平成28）年公布）などの法規整備等が進んだ。それに対応するため，2022（令和4）年12月に『生徒指導提要』が改訂された。

総論となる第Ⅰ部「生徒指導の基本的な進め方」は，生徒指導の意義や生徒指導の構造，教育課程との関係，生徒指導を支える組織体制に言及する。各論としての第Ⅱ部は学校で起こっている「個別の課題に対する生徒指導」への対応を「いじめ」「暴力行為」「少年非行」「児童虐待」「自殺」「中途退学」「不登

＊8　特別の教科
　各教科では義務として教科書を使用して授業を行うほか，児童生徒に対して教育評価をしなくてはならない。しかし，道徳は子どもの心の成長を数値で評価することになじまないうえ，道徳は学校の教育活動全体で行うことを基本としている。また各教科の指導をするためには教科ごとの教員免許が必要となるが，道徳の教員免許は設置されていない。このように他教科とは異なる位置付けがなされるため「特別の教科」と呼称するのである。

校」「インターネット・携帯電話に関わる問題」「性に関する課題」「多様な背景を持つ児童生徒への生徒指導」に分け，基本的な考え方と方向性等を示した。

3　現行の学習指導要領を概観する

（1）現行学習指導要領の特色

　2016（平成28）年12月の中央教育審議会答申では，学校教育を通じて育てたい姿と「生きる力」の理念を具体化すること，教科等を学ぶ意義の明確化と教科等横断的な教育課程への志向，地域社会と連携・協働した特色ある学校づくり，社会に開かれた教育課程の実現などが提言された。それを受けて改訂された学習指導要領では，「何ができるようになるか」を明確化するとともに，今までの教育実践の蓄積に基づく授業改善を行い，「主体的・対話的で深い学び」の導入や，カリキュラム・マネジメントの確立を図ろうとする。

　小学校においては，中学年で教科外活動の「外国語活動」，高学年で教科の「外国語」を配置した。そのほか，情報活用能力育成のためプログラミング教育を行う。

　高等学校においては，国語科の教育内容が実用的になったほか，地理歴史科で近現代史の比重を大きくし，公民科については科目の「現代社会」を廃して，必修科目である「公共」を設定した。また，必修ではないが新たに「理数科」が新設された。

（2）カリキュラム・マネジメントの強調

1）カリキュラム・マネジメントの定義

　2017（平成29）年7月に告示された『小学校学習指導要領』第1章総則にカリキュラム・マネジメントの定義等が示されている。これは，中学校や高等学校にも準用される。

　カリキュラム・マネジメントとは，「各学校においては，児童や学校，地域の実態を適切に把握し，教育の目的や目標の実現に必要な教育の内容等を教科等横断的な視点で組み立てていくこと，教育課程の実施状況を評価してその改善を図っていくこと，教育課程の実施に必要な人的又は物的な体制を確保するとともにその改善を図っていくことなどを通して，教育課程に基づき組織的かつ計画的に各学校の教育活動の質の向上を図っていくこと」[2]である。

2）カリキュラム・マネジメントの充実

　『小学校学習指導要領』第1章総則の「教育課程の編成」には，「教育課程の

編成に当たっては，学校教育全体や各教科等における指導を通して育成を目指す資質・能力を踏まえつつ，各学校の教育目標を明確にするとともに，教育課程の編成についての基本的な方針が家庭や地域とも共有されるよう努める」とともに「総合的な学習の時間の（中略）目標との関連を図る」ことが示された。

（3）主体的・対話的で深い学びと探究の授業

1）アクティブ・ラーニング

アクティブ・ラーニング（active learning）とは，学習・学修*9者主体の学びの手法の1つで，学習・学修者が能動的に学習・学修へ参加する学習法の総称である。

アクティブ・ラーニングが強調される社会的背景は，技術革新に伴う社会環境が急激に変化するようになったことで，学校等で学んだ内容がすぐに陳腐化することにある。それに対応できるスキルの形態として「発見学習」，「問題解決学習（課題解決型学習）」，「体験学習」，「グループ・ディスカッション」，「グループ・ワーク」，「ディベート」などがあげられる。これらの教育方法により，学習内容を確実に修得しながら座学中心の一方的教授方法では身に付くことの少なかった「自ら学ぶ力」や汎用的能力の涵養（かんよう）が期待されている。

2）「主体的・対話的で深い学び」

学習指導要領の改訂に向けた2014（平成26）年頃より「アクティブ・ラーニング」という用語が中央教育審議会の審議や答申で頻出していたが，その後「アクティブ・ラーニング」の使用頻度が減少し，新たに「主体的・対話的で深い学び」が正式な用語として採用された。「アクティブ・ラーニング」は，「子供たちの『主体的・対話的で深い学び』を実現するために共有すべき授業改善の視点3)」をもたせ，「主体的・対話的で深い学び」を達成する授業改善の手段とした。

3）探究的な学び

学校教育課程における中心的な概念として「探究」という語が用いられるようになったのは，「総合的な学習の時間」（以下，「総合学習」）が新設（1998（平成10）年）されてからで，総合学習における探究的な学習は，「物事の本質を探って見極めようとする一連の知的営み」かつ「問題解決的な活動が発展的に繰り返されていく」ための学びである。この探究的な学習方法は，総合学習を充実させるだけではなく，他教科等の見方・考え方を結び付けて総合的に活用することとともに実社会・実生活の課題を探究して自らの生き方を模索するために有効な取り組みとして期待された。

全日制・定時制・通信制や普通科・専門学科・総合学科など多様な高等学校

＊9　学習・学修
「学習」は学校などで知識や技術を学び習うこと，「学修」は一定の教育課程にしたがって知識・技術を学んで修得することを意味する。具体的にいえば，「学修」という用語は義務教育を担当する学校以外，つまり単位取得が進級・卒業要件となっている高等学校や大学などで使用されている。大学設置基準，高等学校学習指導要領や高等学校卒業程度認定試験規則などで使用される「学修」という用語は，一定の教育課程にしたがって知識や技術を学んで（単位を）修得することを意味している。

教育課程においては現在，多くの探究型教科・科目が設置され探究的な学びが重要な位置を占めるようになっている。探究型教科・科目に共通する目的は，自らの関心に基づく課題や問いの設定を重視し，探究の過程を通して学びを深めることにある。

●演習課題
課題１：カリキュラムの諸類型におけるメリット・デメリットについて考えてみよう。
課題２：学習指導要領や生徒指導提要の必要性について話し合ってみよう。

●引用文献
１）文部科学省webサイト「学習指導要領とは何か？」（https://www.mext.go.jp/a_menu/shotou/new-cs/idea/1304372.htm）
２）文部科学省『小学校学習指導要領（平成29年告示）』2017，p.18.
３）中央教育審議会答申「幼稚園，小学校，中学校，高等学校及び特別支援学校の学習指導要領等の改善及び必要な方策等について（中教審第197号）」2016，p.48.

●参考文献
久保義三・米田俊彦・駒込武・児美川孝一郎編著『現代教育史事典』東京書籍，2001.
佐藤環『学校の教育学』青簡舎，2020.
日本カリキュラム学会編『現代カリキュラム研究の動向と展望』教育出版，2019.
日本近代教育史事典編集委員会『日本近代教育史事典』平凡社，1971.

コラム　　経験主義的教育が成立する条件

　進歩主義教育運動の指導者であったデューイは，人間の行為は本能と衝動に基づいて個体と環境との相互関係により規定されると考え，伝統的な学校を「社会的精神の諸条件がとりわけ欠けている環境のなかで，社会的秩序の未来の成員を準備」していると批判し，教育には子どもたちの作業（活動）が重要な位置を占めると考えた。

　この仮説を実証するため，デューイは1896年にシカゴ大学附属実験学校を創設し，教師主導の学習とは異なる子ども主体の教育を展開しようとした。この学校では，子どもたちの学習活動を「仕事」（occupation）と呼び，重要な教育概念とした。その内容は工作室で木材と道具を使用した活動，調理，裁縫などが含まれており，子どもの個人生活と社会生活とを結着させる生活経験であった。

　シカゴ大学附属実験学校での教育活動は，デューイの経験主義的教育が成功するように仕組まれていた。実験学校に学ぶ子どもたちは全て白人で裕福な専門職の親をもち，担当する教師も通常の公立校とは異なり選りすぐりの教師が集められたうえ，在外する子ども140名に対して23名の教師と10名のアシスタント（シカゴ大学の大学院生たち）が配置されるという理想的な条件の下に教育的実験がなされた。実験学校では，すでに興味や意欲がある子どもたちが選抜されており，教師が改めて興味・関心・意欲を引き出すことに腐心する必要はなかった。

第10章 教員養成の歴史と現在

　歴史は過去と現在の対話であるという。我が国において教員を組織的に養成しようという国家的な試みは，1872（明治5）年，東京に創設された師範学校での実践から始まり，2022（令和4）年で150年の節目を迎えた。本章では，この間の教員養成の歩みを概説するとともに，その理解を深めるための比較対象として諸外国の事例も紹介する。それは今後も常に問われ続けるであろう教員養成のあり方を考える糸口とするためである。

1　教員養成の変遷

（1）明治初期から昭和戦前期の師範学校教育

1）師範学校教育の模索期・整備期―学制期・教育令期の教員養成―

　文部省（当時）は1872（明治5）年9月，アメリカの師範学校をモデルとした文部省直轄（官立）の師範学校を開校し，教員の養成を開始した。そして1874（明治7）年までには各大学区に官立師範学校が一校ずつ開校され，今後予想される教員需要の高まりに対応した[*1]。また，学制（p.63参照）実施後の1876（明治9）年頃までには，各府県においても実情にあった形態での様々な初等教員養成機関（伝習所，講習所など）が次第に創設されていき，その後の整備によって「師範学校」という名称に統一された。こうして明治初期における教員養成，とりわけ当面の課題であった初等教員の養成については官立師範学校を主軸とし，他方でそれをモデルに公立師範学校で行うという重層構造の中で開始された。

　しかし，1877（明治10）年以降，その構造に転換が図られた。国庫財政悪化に伴う緊縮策を採った政府は，1878（明治11）年までには東京師範学校および

*1　官立師範学校は1873（明治6）年に大阪と宮城，翌年に愛知，広島，長崎，新潟が，1875（明治8）年には東京に官立女子師範学校が開校した。

＊2　各師範学科を初等（初等教員養成）・中等（小学初等・中等科教員養成）・高等（小学高等科を含む各等科教員養成）の三課程とし，入学資格は原則17歳以上で小学中等科以上の学力あるものとした。

＊3　学制の規定では，中等学校教員は大学卒業資格を必要としたが，大学は1877（明治10）年設立の東京大学まで存在しなかった。

＊4　三気質
「順良」は目上（特に学校長）の指示などに従順であること，「信愛」は友人同士（特に教師間）が仲よく信頼し合うこと，「威重」は周囲（特に生徒）の信頼を得るような威厳をもつことを意味する。

＊5　師範タイプ
「着実性，真面目，親切などの長所」の反面，「内向性，表裏のあること，すなわち偽善的であり，仮面をかぶった聖人的な性格をもっていること，またそれと関連して卑屈であり，融通」が利かないといった「二面的な性格」を意味する。（唐澤富太郎『教師の歴史』創文社，1955，p.55）

女子師範学校以外の官立師範学校を廃止し，1880（明治13）年の改正教育令では師範学校の府県必置を定め，同時にその制度化を進めた＊2。1881（明治14）年に師範学校教則大綱が，1883（明治16）年には府県立師範学校通則が制定された。「大綱」では教育内容の詳細が規定され，「通則」では府県立師範学校の目的が儒教主義的徳育方針である「忠孝彝倫ノ道」を具現する小学校教員の養成にあることを明示するほか，施設や生徒定員数等の基準が示された。ここに教員養成における「計画養成」の礎が築かれたといえる。

他方，中等教員の養成については1875（明治8）年，東京師範学校内に中学師範学科を付設して，その育成を開始した＊3。中学師範学科の設置は学制に定めた「中学校教員資格＝大学卒業者」の方針に大きな転換を与え，以降の中等教員養成が主として師範学校で行われた意義は大きい。戦前の学校体系にあって初等・中等教員養成はこれ以降，大学を頂点とする専門教育を行う学校とは別系統に位置付く「正系」の教員養成機関としての師範学校で行われ，同時に大学もまた，その後は教員養成の責務を主要な任務としなかったのである。

2）師範学校教育の確立期―師範学校令期の教員養成―

1886（明治19）年，初代文部大臣の森有礼の下で師範学校令が公布され，教員養成の基本的な枠組みが確立された。師範学校令では，師範学校が教員養成を目的とする学校であることを確認するとともに，教員の徳性として「三気質」（順良・信愛・威重）＊4の涵養を求めた。師範学校は尋常師範学校と高等師範学校の二種とし，この大枠は終戦まで一貫して保持された。また，生徒への経済支援として学資支給制度を導入し，教員として「国家ノ為メニ犠牲ト為ル決心」を求めるゆえ，養成にかかる費用は公費で負担した。これは師範学校のほか軍関係の学校等で定められた特別な恩典であった。

師範学校令は全12条の比較的簡単な勅令で，生徒募集，卒業生服務義務，学科課程および教科書などの諸規定については文部大臣の権限で定めることとし，国家の統制下に置いた。学科課程上の特色では体操科で「三気質ヲ備具セシメル」ため「兵式体操」を採用し，軍隊的訓練方法による授業を実施した点などがあげられる。

服務義務制度，寄宿舎制度などの諸制度もこの期に成立した。師範学校生徒には，卒業後の一定期間教職に従事する服務義務と指定学校への赴任義務が課せられた。在学生には全寮制寄宿舎制度を採用し，「教場外一切ノ事業ヲ以テ気質鍛錬ノ資ニ供」すという方針の下，その生活行動は厳密に管理された。こうした諸制度は，のちに「師範タイプ」＊5と批判された近代教員像を師範学校生の特質を内面に形成していく大きな要因となったのである。

3）師範学校教育の拡充期—師範教育令期の教員養成—

　1897（明治30）年に発せられた師範教育令は，従前の基本路線を継承しつつも，他方で急速に進展する学校教育への社会的要請に応じる改革であった。師範教育令では，尋常師範学校を「師範学校」と改称するとともに各府県に複数校の設置を認め，新たに私費生の入学を容認した。さらに府県管内の学齢児童数に応じた卒業生の安定供給を促すとともに，男女別学での師範学校の設置を推奨した。

　1907（明治40）年以降になると，師範学校は量的拡大とともに質的充実を図る改革が行われた。同年4月の師範学校規程改正により，その組織編成は三編成制[*6]へ改組した。このうち本科第二部の新設は特に注目され，これによって師範学校が中等学校と接続をもったことは，重要な意味をもつ改革であった。また，新設当初，本科第二部は本科第一部の補充機関の位置にあったが，1931（昭和6）年の同規程改正で，修業年限は2年に延長されるとともに独立設置が容認された。

　さらに，こうした師範学校制度の改革は，戦時下における「昇格化」への足がかりとなった。1943（昭和18）年の師範学校規程により，師範学校は中等学校卒業程度を入学資格とする官立学校となり，学校制度上では「専門学校程度」に引き上げられた。この制度改革は，「皇国民ノ錬成」を担う教員の養成という時局に応じた諸策の一環としての性格をもつ一方，戦後の「大学における教員養成」の原則を成立させる制度上の「足場」を形成したものとして，画期的な意味をもったといえる。

　他方，高等師範学校については，この間，師範学校ほどの拡充策は図られていない[*7]。これは中等教員のリクルートについては比較的多様なルートが用意されていたことが背景にあり，試験検定制度（文部省師範学校中学校高等女学校教員検定試験）による教員免許状取得者や臨時教員養成所卒業生などによって各時期の需要に応じた教員供給が図られていた。

　また，1920年代に繰り広げられた高等師範学校の「師範大学昇格」をめぐる議論も，1929（昭和4）年の東京文理科大学および広島文理科大学の創設に決着した。これは，「学問」の府である大学と別系統に位置付く「教育」の府として，師範学校が二項図式で存在した戦前の学校教育制度の特質を顕著に表している。

（2）昭和戦後期の教員養成教育

1）戦後の教員養成制度改革と二大原則の成立

　戦後教育改革の方向づけは『第一次アメリカ教育使節団報告書』[*8]によって

*6　師範学校規程の改正により，師範学校は高等小学校卒業生を受け入れる本科第一部（修業年限4年），中学校・高等女学校卒業者を受け入れる本科第二部（男子生徒の修業年限1年，女子生徒の修業年限1年または2年）および予備科の三編成制へ改組した。

*7　高等師範学校の増設は，1902（明治35）年の広島高等師範学校，1908（明治41）年の奈良女子高等師範学校のほか，昭和の決戦体制下にあった1944（昭和19）年の金沢高等師範学校，翌年の岡崎高等師範学校，広島女子高等師範学校の3校を加えた計5校のみであった。

*8　『第一次アメリカ教育使節団報告書』
　連合国軍総司令部（GHQ）の要請により来日した第一次教育使節団（27名編成，団長：D.ストッダート）によって，同年3月30日提出された。同報告書は占領下にあった日本の教育改革の方向性を実質的に決定し，我が国の教育の近代化・民主化を推進したものとして重要な役割をもった（p.8参照）。

行われ，教員養成制度改革もまたその例外ではない。1946（昭和21）年３月上旬に来日した米国教育使節団は同報告書の中で従来の師範学校教育を厳しく批判し，新教育のあり方に即した教員養成制度の改革等を勧告した。さらに，同年８月に組織された教育刷新委員会でも師範教育の刷新を重要課題の一つとし，比較的早い段階から具体的かつ集中的に議論が行われた。

　1946（昭和21）年の第17回総会では「教員養成は総合大学及び単科大学において教育学科を置いてこれを行う」ことが採択され，戦後の民主主義的教員養成制度の原点となる「大学における教員養成」と「教員養成の開放制」という二大原則が成立した。現実問題として予想される新制中学校教員の需要急増あるいは師範学校の処遇等の諸問題に応じるための基本方針の主要な点を1947（昭和22）年の第41回総会建議からあげれば，①「教育者の育成を主とする学芸大学」を設置して小学校・中学校の教員を養成する，②官公私立の別なく，一般大学の卒業生も必要な課程を履修・修得した者は教員として採用する，③現存の教員養成学校のうち適当なものは学芸大学に改める，④学芸大学の前期修了者には小学校教員の資格を与える，などが採択された。さらに，新制大学の再編成等が本格的な課題となった1948（昭和23）年の第74回総会では，「各都道府県の複合大学には必ず学芸学部若しくは文理学部をおき，教員養成を兼ね行わしめる事」が採択され，ここに教育刷新委員会における激しい議論の果てに帰着した戦後教員養成制度の原像が示された。

　しかし，その後の新制大学再編成の最終段階ではCIE（民間情報教育局）の意向やそれを強く反映した「国立大学設置十一原則」等により，新制国立大学は1949（昭和24）年制定の国立大学設置法に基づき，旧来の師範学校・青年師範学校を母体とした教員養成を主とする学芸大学（７校），学芸学部（19学部），教育学部（26学部）の三類型をもって新たに出発した。また同年には教員資格条件の基準を定めた教育職員免許法（以下，教免法）が公布され，９月に施行された[9]。これにより学芸学部・教育学部では同法律に定められた科目と単位を基準とした教育課程を編成し，一般大学では「教職課程」を設け，所定の科目を履修・修得した教員志望の学生に教員免許状が授与されることとなった。

２）教員養成制度の転換と1950（昭和25）年以降の教員養成

　1950（昭和25）年の朝鮮戦争勃発前後から1960年代にかけての時期は戦後教育改革の転機であり，教員養成における再編の起点もこの期に求められる。政令改正諮問委員会は1951（昭和26）年の答申[10]で，戦後の教育改革を「徒（いたずら）に理想を追うに急で，わが国の実情に即しないものと思われるものも少なくなかった」と批判して，再改革の必要を主張した。

　1952（昭和27）年，新たに中央教育審議会（以下，中教審）および教育職員養

＊9　教免法では，「教育職員の免許に関する基準を定め，教育職員の資質の保持と向上を図ること」（第１条）を目的に，①免許状主義，②専門職制と職階制，③開放制原則の確立，④単位の修得，⑤現職教育の重視，⑥免許行政の地方委譲，などの諸原則が示された。

＊10　政令改正諮問委員会答申「教育制度の改革に関する答申」

成審議会（以下，教養審）が発足した。教養審では，「教員を養成する国公私立の大学に対し，審議機関を設けて審査し適当なものを認可する制度」を検討し，1953（昭和28）年の教免法一部改正により課程認定制度が発足した。また，翌年の教養審総会では，「小学校又は幼稚園の教員を養成する場合には，教員養成を主たる目的とする学部，学科を設けなければならない」として幼稚園・小学校の教員の教員養成に特化する性格を打ち出し，同年の教免法一部改正では教職に関する科目単位数を増やす一方，教科に関する専門科目を減じるなどの履修単位数の改正などが行われた。

　1958（昭和33）年の中教審答申[11]は，従来の方針に大きな変更を与える契機となった。この答申は，「開放制に由来する免許基準の低下」を指摘し，教員養成を目的とする大学での養成を強調するとともに，「専門的職業としての教員に要請される高い資質の育成」のため，教員養成の目的に即した教育課程を定めるべきことなどを提言した。その具体化は教養審と連動して進められ，教養審はその後，1962（昭和37）年[12]，1965（昭和40）年，1966（昭和41）年と相次いで建議を行っている。これらの趣旨に基づき，指導的立場に立ち得る教員を養成するため，1966（昭和41）年の東京学芸大学などをはじめとして，教員養成大学に大学院修士課程が設置された。またこの間，1963（昭和38）年の国立学校設置法の改正により，大学組織に関する「学科及び課程」や「講座，学科目及び研究部門」などが法令上明確に定められ，1964（昭和38）年の「講座・学科目省令」で教員養成系大学・学部の課程および学科目等の制度とその名称は画一的に規定された。これによって，従来の学芸大学，学芸学部・教育学部の異なった類型の，それぞれの一定の独自性は失われ，「教育大学・学部」へと転換していくこととなった[13]。さらに，1965（昭和40）年には東北大学教育学部教員養成部門（学校教育学科）から分離・独立して宮城教育大学が創設された。

3）「新教育大学」の創設と1970（昭和45）年以降の教員養成

　1970年代以降，日本社会は戦後経済の高度成長から安定成長の時代へ，さらにはバブル経済を経て平成初期に至る。この間，社会構造は大きく変化し，それに伴う教育の大衆化などに応じた教育改革を迫られることとなった。1971（昭和46）年の中教審答申[14]では，教育全般にわたる包括的な改革施策が提言された。これを受け，1972（昭和47）年に教養審は「新構想教員研修大学院」の創設を建議[15]し，1978（昭和53）年には上越教育大学および兵庫教育大学，1981（昭和56）年には鳴門教育大学が設置された。これら新教育大学には大学院修士課程に学校教育研究科，学部に初等教育教員を養成する学校教育学部をおいて，実践的指導力の育成を有する教員を養成した。また同建議ではこのほ

*11　中教審答申「教員養成制度の改善方策について」

*12　教養審建議（「教員養成制度の改善について」）では，国が教育課程の基準を定めることや試補制度の導入などを提案したが，法制化までには至らなかった。

*13　1966（昭和41）年の国立大学設置法改正により，東京学芸大学を除く国立の学芸大学は教育大学（5校）に，学芸学部は教育学部（22学部）に名称変更された。

*14　中教審答申「今後における学校教育の総合的な拡充整備のための基本的施策について」

*15　教養審建議「教員養成の改善方策について」

＊16　「ゼロ免課程」は，2013（平成25）年6月の文部科学省通知「今後の国立大学の機能強化に向けての考え方」において，教員養成大学・学部の「量的縮小」の一環として，「『新課程』の廃止」の方向性が示され，2015（平成27）年以降は縮小傾向にある。

＊17　設置から期間満了（1987（昭和62）年）までの間，臨教審は第一次答申から第四次答申を出し，今後の教育改革に関して多岐にわたる事項を提言した。また第四次答申では，それまでの答申を総括し，今後の改革の理念として，①個性重視の原則，②生涯学習体系への移行，③変化への対応，などを示した。

＊18　教養審答申「新たな時代に向けた教員養成の改善方策について（第一次答申）」

＊19　中教審答申「今後の教育養成・免許制度の在り方について」

か，教職専門科目の基準引き上げとその内容の再編や教育実習の単位増・期間延長などの提言を行った。一方，1980年代後半からは児童生徒数の減少により教員養成大学・学部卒業者が教職に就くことが困難な状況となり，1986（昭和61）年の臨時行政改革推進審議会答申等でも入学定員の見直しが指摘された。そこで文部省は，1987（昭和62）年度から教員養成課程の入学定員を一部振り替え，教員免許状の取得を卒業要件としない新課程（「ゼロ免課程」）の設置を進め，1991（平成3）年度までに30大学に42課程を設置した＊16。

　また，1984（昭和59）年3月に発足した臨時教育審議会（以下，臨教審）は，1986（昭和61）年の第二次答申において教員の資質向上に関する幅広い提言を行い＊17，1988（昭和63）年には教免法が改正された。主な改正点は，①免許状の種類を，基礎資格を大学院修了程度とする専修免許状，学部卒業程度とする一種免許状，短期大学卒業程度とする二種免許状の三種類とすること，②社会人を教諭とする特別免許状を創設すること，③学校教育の内容の変化に対応し指導力の向上を図るため，教職科目として「教育の方法・技術」，「生徒指導」，「特別活動」などの科目を履修することなどであった。

2　教員養成制度改革の動向

（1）平成期の教員養成制度改革

1）「教員の資質向上」と教職課程の改編

　1997（平成9）年の教養審第一次答申＊18では「教職教養」の重視を提言し，「教職の意義等に関する科目」及び「総合演習」が新設された。また1999（平成10）年には，教職課程の柔軟な編成を可能とする「教科又は教職に関する科目」の新設及び「教職に関する科目」の充実，普通免許状（小・中）授与の要件となる「介護等の体験活動」が開始された。

　2006（平成18）年の中教審答申＊19では，新設科目として「教職実践演習」の創設が提言された。提言では「教職課程の他の科目の履修や教職課程外での様々な活動を通じて学生が身に付けた資質能力が，教員として最小限必要な資質能力として有機的に統合され，形成されたかについて，課程認定大学が自らの養成する教員像や到達目標等に照らして最終的に確認するもの」とし，全学年を通じた教職課程における「学びの軌跡の集大成」に同科目を位置づけている。「教職実践演習」は2010（平成22）年の教免法施行規則の改正により新設され，また課程認定委員会は「教職実践演習」の実施上の留意事項として，教員養成課程の最終段階における教職履修学生の質保証を意図する「教職履修カ

ルテ」を導入した。

　2015（平成27）年の中教審答申[20]では，「学校インターンシップ」の導入や教職課程科目の「大くくり化」が提言された。「学校インターンシップ」は，比較的早い段階から学校現場を体験しながら教職等について学ぶことを主眼としたもので，「教員は学校で育つ」といった教員養成の実践志向化がよく表れている。

　また，教職課程科目の「大くくり化」は，「教科に関する科目」と「教職に関する科目」の区分をなくし，各大学の実情に合わせた柔軟な教職課程編成ができることをねらいとして実施された。このほか今般の学校現場をめぐる状況の変化等をふまえ，2017（平成29）年には，「教育の基礎的理解に関する科目」に含めることが必要な事項の1つとして「特別の支援を必要とする幼児，児童及び生徒に対する理解」が設定された。

2）教員養成の高度化・標準化

　2006（平成18）年の中教審答申では，教職大学院の創設や変化する時代に対応する教員免許更新制の導入等を提言した。これを受け，2008（平成20）年には高度専門職業人の養成に特化した専門職大学院として，教職大学院制度が開始された。開始当初は国立大学15校，私立大学4校での開設であったが，2018（平成30）年までには，ほぼすべての都道府県に設置された。

　2012（平成24）年の中教審答申[21]は教職に関わる養成・採用・研修の一体化を打ち出し，その基本方針は「教員養成の高度化」と「学び続ける教員像」の確立にあった。この答申により実施された施策は，教職課程に関する情報公開，教員育成指標の策定，教職課程コアカリキュラムの公表およびその後の「再課程認定」での活用，などがある。2014（平成26）年の教免法施行規則改正で義務化された教職課程に関する情報公開制度は，「教育の質向上及び社会に対する説明責任を果たす」という観点から翌年度より開始された。また，教員育成指標策定の法的根拠は2016（平成28）年に改正された教育公務員特例法に由来する。同法では①文部科学大臣が公立学校の校長・教員の計画的かつ効果的な資質向上を図るための指標の策定に関する指針を定めること，②任命権者（教育委員会）が文部科学大臣の定める指針を参酌して校長・教員の育成指標を定め，それをふまえて研修を体系的かつ効果的に実施するための教員研修計画を定めること，③任命権者が必要事項について協議を行うための協議会（「育成協議会」）を組織すること，などが規定された。教職課程コアカリキュラムは2017（平成29）年に公表され，中教審答申では「全国すべての大学の教職課程で共通的に修得すべき資質能力を示すもの」とし，その後の課程認定では確認すべき事項として活用されている。2018（平成30）年度には，すべての教

[20]　中教審答申「これからの学校教育を担う教員の資質能力の向上について〜学び合い，高め合う教員育成コミュニティの構築に向けて〜」

[21]　中教審答申「教職生活の全体を通じた教員の資質能力の総合的な向上方策について」

職課程認定大学における履修すべき事項についての全面見直しを行った「再課程申請」が実施され，2019（平成31）年度から認定を受けた計1,283校の大学等が「新教職課程」を開始した。

（２）令和期の教員養成制度改革

１）2022（令和４）年の中教審答申と先行実施の教員養成制度改革

2021（令和３）年３月，文部科学大臣から中教審へ「令和の日本型学校教育」を担う教師の養成・採用・研修等のあり方について諮問を行った。今までの慣習にとらわれることなく，基本的なところまで遡った教師についての検討が開始された。諮問事項は①教師に求められる資質能力の再定義，②多様な専門性を有する質の高い教職員集団のあり方，③教員免許のあり方・教員免許更新制の抜本的な見直し，④教員養成大学・学部，教職大学院の機能強化・高度化，⑤教師を支える環境整備，であった。

2022（令和４）年12月に中教審答申（以下，令和４年答申）[22]が出された。これは2021（令和３）年の中教審答申（以下，令和３年答申）[23]と軌を一にしている。令和３年答申は「新しい時代の初等中等教育の在り方」を包括的に提言したもので，その基本方針は「個別最適な学び」と「協働的な学び」を一体的に充実し，「主体的・対話的で深い学び」の実現に向けた授業改善につなげるといった授業観・学習観の転換への方向付けを図ることにある。

他方，これに先行して，すでに2021（令和３）年度には教員養成フラッグシップ大学制度の創設，介護等体験の対象施設の拡大，教職課程における義務教育特例の創設，教職課程におけるICT（情報通信技術）活用に関する内容の充実など，2022（令和４）年度には教職課程自己点検・評価の義務化，教員免許更新制の発展的解消，教職特別課程の修業年限の弾力化，特別支援学校教諭免許状コアカリキュラムの策定，などの制度改革が実施されている。

２）令和４年答申の基本方針と教員養成制度改革

令和４年答申が示した今後の方向性（総論）は，①新たな教師の学びの姿の実現，②多様な専門性を有する質の高い教職員集団の形成，③教職員志望者の多様化や教師のライフサイクルの変化をふまえた育成と安定的な確保，などが骨子となっている。このうち，教員養成制度改革についての詳細をみれば，①では令和３年答申での授業観・学習観の転換を受け，教師自身の学び（研修観）を転換することや養成段階を含めた教職生活を通じた学びにおける「理論と実践の往還」を実現すること，③では多様な教職志望者へ対応するために教職課程の柔軟性の向上を図ること，などの方向性が示された。

*22　中教審答申「「令和の日本型学校教育」を担う教師の養成・採用・研修等の在り方について〜「新たな教師の学びの姿」の実現と，多様な専門性を有する質の高い教職員集団の形成〜」

*23　中教審答申「「令和の日本型学校教育」の構築を目指して〜全ての子供たちの可能性を引き出す，個別最適な学びと，協働的な学びの実現〜」

答申各論では，より詳細な提言がなされている。①については，2022（令和4）年8月の「大臣指針」*24改正により，「教師に共通的に求められる資質能力」の再整理が行われている。これを受け答申では，教職課程を設置する各大学においては自己点検・評価のなかでここに示された資質能力を身に付けられるようなものになっているかを確認し，その結果を基に教職課程の改革・改善につなげることが必要としている。また，総論で示した「理論と実践の往還」を重視した教職課程への転換の詳細については，自己点検・評価のプロセスを活用した教職課程の不断の見直し，「教育実習」等のあり方の見直し，「学校体験活動」の積極的な活用，「教員養成フラッグシップ大学」における先導的・革新的な教職科目の研究・開発，特別支援教育の充実に資する「介護等の体験」の活用，などが示されている。また，②については教職課程における多様な専門性を有する教師の養成をねらいとして，四年制大学において最短2年間で必要資格が得られる教職課程の特例的な開設・履修モデルの提示，小学校の専科指導優先実施教科（外国語，理科，算数，体育）に相当する中学校教員養成課程を開設する学科等において，小学校教員養成課程の設置を可能とすること，などが提言されている。

　さらに，今後の教員養成大学・学部，教職大学院のあり方については，学部と教職大学院との連携・接続の強化・実質化，教育委員会と大学の連携強化，教師養成に係る理論と実践の往還を重視した人材育成の好循環の実現，教員就職率の向上，組織体制の見直し，などが示されている。

*24　2022（令和4）年8月に「公立の小学校等の校長及び教員としての資質の向上に関する指標の策定に関する指針」を改正し，教師に共通的に求められる資質能力の柱を①教職に必要な素養，②学習指導，③生徒指導，④特別な配慮や支援を必要とする子どもへの対応，⑤ICTや情報・教育データの利活用，の5項目に再整理した。

3　諸外国の教員養成

（1）欧米諸国の教員養成

1）アメリカの教員養成と特色

　アメリカ合衆国憲法には教育に関する規定はなく，教育に関する責任は各州に置かれている。教員免許も各州が発行し，1974（昭和49）年以降では，すべての州で教員には学士号の取得が求められている。

　教職課程については，各州のSEA（州教育機関）とNCATE（教師教育認定全国協議会）によって定められたガイドラインに沿った教職課程を大学で履修することになっている。ただし，現在NCATEはTEAC（教師教育認定機関評定協議会）と統合され，CAEP（教員養成アクレディテーション協議会）として存在している。また，近年では認定された課程を修了した者にも教員資格試験の合格を求める州や，民間の専門団体の評価を受ける大学が増えている。さらに各州

では優秀な教員の確保と教員の資質向上に向けた改革を積極的に進めており，教職課程に入る際の能力テストや教員免許取得予定者への試験実施，教員免許の更新あるいは上進制度の採用などが行われている。

２）フランスの教員養成と特色

教員資格の特徴として，教員はすべて国家公務員となっている。また，幼稚園教員と小学校教員は初等学校教員として，中学教員と高等学校教員は中等学校教員としてすべて一本化され，その基礎資格は2010年以降，修士号取得者に統一されている。

教員養成は，ESPE（高等教員養成学院）で行われており，入学は学士号取得（見込み）を要件とした書類選考が行われ，修了者には修士号が与えられる。ESPEでは，教職修士１年目から観察実習および講義・演習を受け，年度末に採用試験を受ける。教職修士２年目に責任実習（給与制）を１年通じて経験させ，その間，省察を繰り返しながら正規採用試験に向けた準備を行う。また，学生には実習経験に基づいた実践的な課題と理論研究の融合を求める卒業研究が課されており，正規採用の口頭試問において確認することとなっている。

（２）アジア諸国の教員養成

１）中国の教員養成と特色

中国では，義務教育における教員養成において，開放的で多様な養成モデルを採用している。数多くの一般大学，教育機関は，教育行政部門に申請して教員養成系専攻を設置するケースが増え，中国では教員養成系学校と非教員養成系学校によって構成された開放制教員養成体制がつくられた。また，中国における教員養成は，①中等教育レベル，②短期大学（専科）レベル，③四年制大学（本科）レベル，④大学院（教育修士・博士）レベルの４つに分かれている。

なお，2022年４月，教育部は「新時代における初等中等教育『強師』計画」を公表した。主な内容としては，2025（令和７）年までに教師養成系の高等教育機関やハイレベルの総合大学，教師研修関連機関，研修を実施する優良な初等中等教育機関が連携した教師養成のための国レベルの拠点を創設し，修士レベルの教師および教育改革を率先できる教師を育成するとともに，国立の師範大学と地方の教員養成系の高等教育機関が連携して農村地域に着任する優秀な教師を育成する。2035（令和17）年までに学生募集，育成，就職，キャリア形成が一体化したハイレベルな教師養成モデルを構築するとともに，教師の道徳的資質，指導能力や情報技術応用能力を顕著に発達させる，などとなっている。

２）韓国の教員養成と特色

　韓国では日本と同様，大学の学士課程４年間で教員養成を行う。しかし，その制度については日本と異なり，初等教員養成機関と中等教員養成機関とは，ごく一部を除いて分離している。具体的には，初等教員養成機関は「教育大学」，中等教員養成機関は「師範大学（学部）」に分かれており，単一の学部で初・中等双方の教員を養成し，国の所管省庁長官が発行権をもつ免許状（「資格証」）を得られるシステムではない。これは中等教員養成が，高等教育機関で行うことを基本としていたのに対し，義務教育に従事する教員の不足から大量養成を必要とした初等教員養成は，後期中等教育段階の「師範学校」で養成を開始した経緯があることによる。また韓国では2021年12月，教育省が「初等中等教師養成に関する発展計画」を発表している。同計画は①学校現場理解力の向上，②未来に備えた専門性の拡張，③教師養成規模の適正化の３つを柱とする。このうち，①では教育実習期間を１学期とする「実習学期」の導入（2028年全面導入）や倫理意識，正しい教職観を備えた教師を養成できるよう多層的な適性検査体制の構築，などが示されている。

●演習課題

課題１：近代教員像の批判的表現としてのいわゆる「師範タイプ」について，その内容や形成過程について詳しく調べてみよう。

課題２：戦後教員養成の「二大原則」をふまえ，1958（昭和33）年の中教審答申以降の教員養成制度改革の動向を俯瞰的に考えてみよう。

課題３：これからの日本の教員養成制度改革の方向性について，諸外国の教員養成やこれからの日本社会の姿などをふまえて話し合ってみよう。

●参考文献

尾上雅信・梶井一暁他「教員養成制度の国際比較研究」『岡山大学大学院教育学研究科研究集録』，第171号，2019，pp.1-12.

臼井嘉一編『現代教職論とアカデミックフリーダム』学文社，2014.

日本教師教育学会編『教師教育ハンドブック』学文社，2017.

文部科学省『学制百五十年史』ぎょうせい，2022.

文部科学省『諸外国の教育動向2021年度版』明石書店，2022.

文部科学省『諸外国の教育動向2022年度版』明石書店，2023.

山﨑英則・西村正登編著『求められる教師像と教員養成』ミネルヴァ書房，2001.

コラム　教育刷新委員会での務台理作の「或形の養成機関」構想

　戦後教育改革の主戦場であった教育刷新委員会では，「教育大学の特設」をめぐる議論は重大な対立点の１つであった。こうした中，第９回総会（1946〈昭和21〉年11月１日）でなされた務台理作（むたいりさく）の以下の発言※は注目される。

　…教員養成と言いますと（中略）社会自身がこの教育の主体になって，そうして学校を自分達の学校と考え，その教師も，自分達が自分達の後継者の為に責任を持って作らねばならぬというように考え（中略）そして学校も自分達が作るのだから，教師のことも自分達で十分に考えよう，こういうようにならなければ，教員養成の問題は根本的に考えられないのではないかと思うのであります。（中略）それで私は（中略）或形の養成機関というものの設置はどうしても必要だということを考える訳であります。（中略）或形というのはどういうものになるかと申しますと（中略）文科，理科を内容としまして，教師としての教養について本当に教育的な注意の能く払われたような新しい大学が，数多く作られ，（中略）もとよりこういう大学は，義務制度化して束縛してしまうことは絶対に避けなければならないので，広く社会の色々な層に向かって卒業生が自由に出て行く訳であります。それからもう一つ大事なことは，（中略）本当の大学制度に依る養成機関になるならば，（中略）教師になるような人，それから純粋に学問の基礎をやりまして，更に上の，一層専門に学問が出来るような機関に向かって行く者が，一つの大学で相扶け合って行き得ると思うのであります。良き教師を作ると同時に，良き学者を作るということは，決して両立出来ないものではないと思うのであります。…

　急速に教員養成制度改革が進められる昨今，戦後の二大原則に込められた意味内容を今一度考えるうえでも，この「務台構想」は重要な主張ではないだろうか。

※文部省教育刷新委員会第９回総会速記録，昭和21年11月１日，pp.26-50.

第11章 現代社会の教育課題

　現代の日本社会は種々の課題を抱え，特に少子高齢化の進展により今まで普通に行われていたサービスが享受できなくなっていくと予測されている。それと連動して教育課題も多岐にわたり，学校教育のパラダイムが大きく変容していくことへの対応が求められている。本章は，不登校，いじめ，特別支援教育，ICT（情報通信技術）教育，教育格差の問題を取り上げており，これからの学校教育のあり方を様々な角度から考察してほしい。

1　不登校

（1）義務教育制度と不登校

1）日本の義務教育制度

　1872（明治5）年に近代学校教育制度を設計した「学制」が公布され，小学校就学が奨励された。そして1886（明治19）年の小学校令により父母後見人等は学齢児童に普通教育を受けさせる「義務」があると初めて規定した。戦前期の義務教育には3つの選択肢が用意され，1つは尋常小学校で学ぶ場合，次に「小学校ニ類スル各種学校」で学ぶ場合，そして市町村長の許可が必要ではあるが家庭教育で行う場合である。3つの選択肢がある義務教育制度が修正されたのは，戦時下の1941（昭和16）年に小学校を国民学校に改めてからである。

　戦後の混乱期には学籍があっても就学することが困難な場合が多い実態であったにもかかわらず，統計上は戦後一貫して学齢児童生徒とも就学率がほぼ100％となっている。統計上高い就学率を維持しているようにみえるが，長期欠席の児童生徒が存在しており[*1]，1950年代には「学校嫌い」，1960年代からは「登校拒否」，さらに「不登校」として取り上げられるようになった。

＊1　学齢児童生徒とは，「小学校・中学校・盲聾養護学校の小学部・中学部の在学者数と就学猶予・免除された児童生徒数の合計」（細谷俊夫ほか編『新教育大事典』第8巻，1990，pp.150-154）である。長期欠席者数は初めての統計結果が出た1952（昭和27）年から1957（昭和32）年まで小学校・中学校ともに10万人台であったものが逓減し，1988（昭和63）年には小学校で2万人台，中学校で5万人台となった。

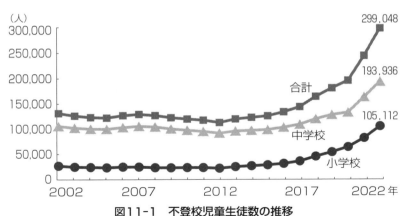

図11-1　不登校児童生徒数の推移

出典）文部科学省「令和4年度児童生徒の問題行動・不登校等生徒指導上の諸課題に関する調査結果の概要」2023，p.20.

2）不登校とは

①　「不登校」の定義　　文部科学省では，「不登校」の児童生徒とは「何らかの心理的，情緒的，身体的あるいは社会的要因・背景により，登校しないあるいはしたくともできない状況にあるために年間30日以上欠席した者のうち，病気や経済的な理由による者を除いたもの」と定義している[*2]。

②　不登校者数の推移　　2022（令和4）年度に文部科学省が実施した「問題行動・不登校調査」での不登校児童生徒の数は，小学生10万人以上，中学生19万人以上となり合計30万人に迫っている（図11-1）。高等学校でも長期欠席の生徒が約12万3,000人を数え，このうち，不登校を理由とする生徒は約6万人で前年度より1万人近く多くなっている。また，不登校の割合でみると，平均で小学校 1.70%（約59人に1人），中学校 6.00%（約17人に1人）となっている。

③　不登校となった要因　　同調査では，不登校の要因を3つに分類・整理している。そのうち「学校に係る状況」をみると，最も多いのが「いじめを除く友人関係をめぐる問題」（小学校6.6%・中学校10.6%），続いて「学業の不振」（小学校3.2%・中学校5.8%）となっている。次に「家庭に係る状況」で最も多いのが「親子の関わり方」（小学校12.1%・中学校4.9%），続いて「家庭の生活環境の急激な変化」（小学校3.2%・中学校2.2%）となっている。そして「本人に係る状況」で最も多いのは「無気力・不安」（小学校50.9%・中学校52.2%），続いて「生活リズムの乱れ，あそび，非行」（小学校12.6%・中学校10.7%）となっている[1]。

＊2　文部省は長期欠席児童生徒の全国調査を1951（昭和26）年から開始しその期間を「年間50日」以上としていたが，1991（平成3）年度から「年間30日」以上と変更した。この調査基準の変更により「年間50日」とする統計は1999（平成11）年度学校基本調査で終了となり，戦後からの長期欠席の推移を確認することができなくなった。

（2）不登校に対する施策

1）不登校に対する文教政策

1992（平成4）年の文部省通知により，登校拒否の児童生徒の小中学校復帰を前提としたフリースクール通学について，フリースクールが自立を助けるため有効・適切と校長が判断すれば在籍学校の指導要録において出席扱いとすることとなり，2009（平成21）年には高等学校においても同様の扱いとすることが可能となった。また，2016（平成28）年12月に「義務教育の段階における普通教育に相当する教育の機会の確保等に関する法律」（いわゆる「教育機会確保法」）が成立・公布され，国や地方自治体がまず不登校児童生徒の学校以外の学習・心身の状況を継続的に把握する措置を講じること，不登校児童生徒の多様な学びの重要性や休養の必要性をふまえた情報提供・助言を行うこと，地方自治体は夜間中学校等の教育機会を提供することなどが規定された。

2）教育支援センター（適応指導教室）とフリースクール

教育支援センター（適応指導教室）とは，主に小中学校を長期間休んでいる子どもに対して学籍がある学校とは別に都道府県・市町村教育委員会等が設置し，学校復帰の支援と社会的自立に資することを目的とした公的機関である。2003（平成15）年より適応指導教室という呼称が「教育支援センター」となった。日本のフリースクールは今のところ統一的基準は設けられていないが，学校教育の枠にとらわれない学びの場所づくりを目的として不登校・中退者・ひきこもり等に対する学びの場，通信制高校の学習を支援するサポート校としても機能している。地方自治体の中には条例を制定し，フリースクールに対する補助金制度の創設や，フリースクール在籍者への経済的支援を行っている。

3）ハイブリッド・スクーリング

学校と学校外の学びを組み合わせた教育方法をハイブリッド・スクーリングと呼ぶ。学校に行かせるより家などで学ぶ方が有益と判断した保護者によって，ある児童は週に一回小学校に行って体育だけ参加し，それ以外の日には学校以外の高度な教育を提供する教育機関で学ばせる形態をとる[2]。

2 いじめ

（1）いじめとは何か

学校における「いじめ」の従来の理解は，児童生徒が自分より弱いものに一方的に，身体的・心理的な攻撃を継続的に与え，相手が深刻な苦痛を感じてい

ることを指し，学校側がその事実を確認していることが前提とされていた。しかし1980年代以降の度重なる陰湿ないじめ事件が多発したことによって，いじめのイメージは大きく変わることになった。

　そして，2011（平成23）年に起きた滋賀県大津市の中学校で起きたいじめ自殺事件で，事件前後の学校と教育委員会の対応が問題となり，「いじめ防止対策推進法」（2013（平成25）年，以下「いじめ法」）が制定されるきっかけとなった。この法律によって，児童生徒に対するいじめの防止と被害者の支援に関する措置を行うことが義務付けられ，学校はいじめ防止基本方針を策定し，その実施状況を公表することが求められるに至った。また，被害児童生徒よりも学校が事実と認めているかどうかでいじめを定義付けていたものが，「被害を受けた子どもが心身の苦痛を感じているもの」と明確化され，いじめられた児童生徒の立場に立った認定が重要視されるようになった。

（2）いじめの様態

　いじめの認知件数は，2019（令和元）年度に過去最多となり，小・中学校から高等学校や特別支援学校までの合計は61万2,496件であった。その具体的な様態については次のように分類できる[3]。①言葉によるいじめ，②集団によるいじめ，③身体的・精神的暴力によるいじめ，④金品の要求，私物を隠す・盗む・壊す・捨てるいじめ，⑤SNS等，ネットを通した誹謗中傷を行ういじめ，である。

　この中でも，⑤のようないじめの増加は，ネット利用の増加と連動しているといってよい。2019年の内閣府調査[4]によれば，スマートフォンによるネット利用率は，小学生が40.2％，中学生が74.0％となり，高校生になると98.5％にもなっている。そのため，ネットによるいじめが深刻な問題となっている。件数も，2014（平成26）年では7,898件であったのが，2019年には17,924件に倍増している。

（3）いじめ対策の取り組みについて

　2013（平成25）年のいじめ法の制定以来，文部科学省は次の4つの取り組みを推進している[5]。①「未然防止」としては，道徳科を中心とした教育活動の充実や人権教育の推進。いじめ・不登校等の未然防止に関する学校づくりの調査研究や全国いじめ問題子どもサミットの開催。②「早期発見」については，スクールカウンセラー，スクールソーシャルワーカーの配置の充実，24時間SOSダイヤルやSNS等を活用した相談体制の整備。③「いじめ対策」では，学校に対していじめ防止等の対策を講じる組織設置の義務化，いじめ対応専門

の教職員の研修や教材開発。教育行政に係る法務相談体制の整備等。④「重大事案への対応」は，いじめの重大事案の調査に関するガイドラインの作成。重大時案が発生した場合における教育委員会等への指導・助言等である。ただ，いじめは非常に複雑な構造もった問題であり，これらの取り組みによってもいまだに十分な解決策が見いだせていないのが現状である。

　いじめと認識された件数が過去最多であった2019年では軽度ないじめ事件でも対応がなされていたにもかかわらず，結果的には重大事態の発生件数が723件と過去最高となり，深刻ないじめ事件が減少したわけではなかった。中には学校や教育委員会の初動の対応遅れや，実際には重大事態だったのに，そう認識されず子どもたちの命を守れなかったケースも多い。このようなケースからもいじめ防止対策がいかに難しいかがわかる。

3　特別支援教育

　特別支援教育は，1952（昭和27）年以来文部省が「特殊教育」として実施してきた支援教育に変わり，障害のある幼児児童生徒の自立や社会参加に向けた取り組みを支援する教育活動として2007（平成19）年から正式に実施されることになった。こうした呼称の変更には，障害者の権利をめぐる国際的な動向の影響が大きいといえるだろう。

（1）我が国の特別支援教育の動向

　2008（平成20）年に国連から発効された「障害者権利条約」で注目されるのは，インクルーシブ教育システムについての規定が含まれたことである[6]。インクルーシブ教育とは，障害のある人もない人も分離されないで，「共生」しながら学べる教育を意味する。

　このようなインクルーシブ教育への転換の出発点は，1994（平成6）年にユネスコとスペイン政府が共同で提案した「サマランカ宣言」に求められる。この宣言では，障害のある子どもたちを普通学級で学べるようにするために，個別支援だけではなく，特別支援学校での支援を行いながら，多様なニーズに対応した教育活動の提供が求められている。こうした国際的な動向を受けて，2012（平成24）年の中央教育審議会では，インクルーシブ教育を制度的に組み込んだ特別支援教育を構築することが急務の課題とされた。

　ただ我が国の場合，そのような特別支援教育の導入は，人材面でも，教育環境整備の面でも難しい問題があるといわれている。そこには近年急増している発達障害等の幼児児童生徒への対応の難しさがある。

（2）発達障害の児童生徒の現状

　発達障害とは，先天的な脳機能の問題に起因した疾患で，日常生活や社会生活において，コミュニケーション能力に問題があり，型通りの対応しかできないため生活に支障をきたす機能障害のことをいう[7]。代表的なものとしては，自閉症スペクトラム障害（ASD），注意欠陥/多動性障害（ADHD），学習障害（LD）等がある。ASDの子どもは，コミュニケーションや対人関係を構築することが困難である場合と，自己の興味・関心や行動に対して極めて強いこだわりをもつ場合がある。そのため，知的障害がないのに相手の言動の真意を理解することができず，相手の気持ちを考えない発言や時には暴力的発言をしてしまうことがある。ADHDの子どもは，注意力が欠如し，衝動が抑えられずに多動となり，よく考えた適切な行動ができない。しかもそのような症状を子ども自身が十分に自覚していないことが多い。LDの子どもの場合は，知的発達面には大きな問題がないのに，読み書きや会話力だけでなく計算能力や推理力が極端に低いため一般の子どもたちと同等の学習ができない状況にある。

　こうした発達障害の子どもたちの数は，少子化が進行している中で増え続けている。文部科学省の2022（令和4）年の調査結果[8]では，小中学校で通常学級に在籍する児童生徒の8.8％に学習面や行動面で，著しい困難を示す発達障害の可能性があると指摘されている。その数は70万人以上にのぼるといわれており，35人学級であればクラスに3名ほどの割合となる。こうした増加の背景には，診断技術の向上や発達障害に対する一般の認識向上のほかにも，教育環境面の変化など，様々な原因が考えられる。

（3）通級による指導と特別支援教育の課題

　国際的なインクルーシブ教育の流れは，障害の有無にかかわらずすべての児童生徒が通常学級で学ぶことであるが，急増する発達障害の児童生徒への対応から実現は難しく，我が国独自の「通級による指導」によって対応している。

　通級による指導とは，障害のある児童生徒が通常の学級で学びながらも，一部を個別的な特別支援教育に対応した学級に移動して学ぶ教育指導である。文部科学省は，1993（平成5）年より，学校教育法施行規則を改正して通級による指導を運用し始めた。これにより小中学校では，軽度の障害のある児童生徒には，個人の意思を尊重しながら年間35単位時間から280単位時間以内で通級での指導が認められている。これは週1単位時間から週8単位時間に当たるが，さらに発達障害の中でも主にADHDやLDの児童生徒に対しては，月1時単位時間，年間10単位時間程度を下限として，年間では280時間まで通級での

指導を認めている。2021（令和3）年度には，およそ57万人が通級による指導を受けており，こうした指導は大きな意味をもっているといわれている。ただ，通級による指導は，国際的なインクルーシブ教育の流れとは相容れない面があり，2022（令和4）年には国連の権利委員会から是正の勧告を受けている。

4　ICT（情報通信技術）教育

（1）GIGAスクール構想とICT教育の必要性

　OECDが2018（平成30）年に実施した「生徒の学習到達度調査（PISA）」[9]の結果は，図11－2のように日本の学校における学習活動のデジタル機器利用がOECD加盟国中最下位で，ICT教育の普及が諸外国からみると大きく遅れており，文部科学省は緊急の対応に迫られることになった。

　2019（令和元）年12月の「GIGAスクール構想」[10]は，こうした対応への提案であり，この提案においてパソコンやタブレット端末等の活用とネット等を活用する「ICT（information and communication technology）教育」の実践が重要な教育課題となった。より詳しくは，「一人一台端末と，高速大容量の通信ネットワークを一体的に整備することで，特別な支援を必要とする子供を含め，多様な子供たちを誰一人取り残すことなく，公正に個別最適化され，資質・能力が一層確実に育成できる教育ICT環境を実現する」ために，これまで培ってきた日本の教育実践の蓄積と最先端のICTのベストミックスを図り，学習活動の充実と主体的・対話的で深い学びの視点からの授業改善を進めることになった。

　当初文部科学省は「一人一台端末」の実現を2022（令和4）年としていたが，

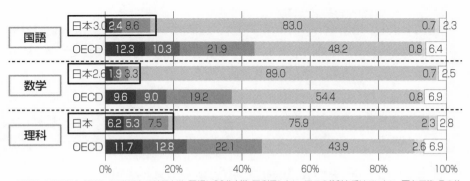

凡例：■週に1時間以上　■週に30分以上，1時間未満　■週に30分未満　■利用しない　□この教科を受けていない　□無回答・その他

		週に1時間以上	週に30分以上，1時間未満	週に30分未満	利用しない	この教科を受けていない	無回答・その他
国語	日本	3.0	2.4	8.6	83.0	0.7	2.3
	OECD	12.3	10.3	21.9	48.2	0.8	6.4
数学	日本	2.6	1.9	3.3	89.0	0.7	2.5
	OECD	9.6	9.0	19.2	54.4	0.8	6.9
理科	日本	6.2	5.3	7.5	75.9	2.3	2.8
	OECD	11.7	12.8	22.1	43.9	2.6	6.9

図11-2　1週間のうち，教室の授業でデジタル機器を利用する時間
出典）文部科学省・国立教育政策研究所「OECD 生徒の学習到達度調査2018年調査（PISA2018）のポイント」p.10

新型コロナウイルス感染症の拡大によって，図らずも学校のICT環境整備状況が極めて脆弱であり，地域間での整備状況の格差が大きいことも明らかになり，そのためGIGAスクール構想の実施を前倒する必要に迫られることになった。幸い国および各自治体等の関係各所の努力もあって，2021（令和3）年3月期には全自治体等の96.1％で，小中学生に一人一台端末の整備と高速通信ネットワークの実現をほぼ完了させることができた。ただ，ICT教育の環境整備はある程度達成できたのだが，肝心のICT教育の普及・推進については未だに十分な成果が出せていないことが大きな課題になっている。

（2）ICT教育の普及・推進のための諸問題

ICT教育の普及・推進が進まない一因としては，日本の学校教育が伝統的に対面授業や紙や電話によるコミュニケーションに依存し過ぎていて，連絡手段にICTを十分に活用してこなかったことがあげられる。コロナ禍でオンライン授業を行った学校も増えたが，そもそもコロナ禍以前，児童生徒に教材をオンラインで配信する仕組みや，教師が普段から児童生徒とオンラインで連絡することが極めて少なかったのである。そのため，諸外国のように学校でも自宅でもシームレスに学べるクラウドの学習環境が十分整備されてこなかった。図11－2が示しているように，学習のためにICT教育を使うことはOECDの他の加盟諸国と比べて極めて少ないことがわかる。

ただ，日本の学校におけるICT活用が少ないのは，日本の児童生徒たちがスマートフォン等のデジタル機器を使っていないからではない。学校種別のスマートフォン（以下，「スマホ」）利用率は，小学生が40.2％，中学生が74.0％，高校生では98.5％となっている。問題なのは，チャットやLINE等をスマホで頻繁に使っているにもかかわらず，そもそも学校内では使わないのでスマホ等のデジタル機器を，「学習のために使う」という発想にならないことである。さらに図11－2の例にみられるように，国語でコンピュータを使う機会が極端に少ないため，諸外国のようにコンピュータを使って知的な長文を書く機会も少ないことになる。たしかに日常的に学校外でチャットやLINE等を使って文章を書く機会は多いかもしれない。しかしながら，チャットやLINE等の文章は短文に過ぎないし，それによって論理的思考性が高まるとは言い難いように思われる。

（3）ICTを使った知識活用型学修の重要性

諸外国の学習活動の趨勢は，従来のような教師が児童生徒に知識を伝達する授業ではなく，児童生徒がICTを活用して主体的・対話的に学ぶ授業へと大

きくシフトしている。その代表的なものは，理系や文系の学問領域を横断して学習しながら，問題を見つける力や解決する力を育む「STEAM教育」や，知識を詰め込むような受動的な学習ではなく，自ら問題を発見し，課題を解決していく主体的・対話的な「PBL（問題解決学習）」等である。日本の場合，これらの学習方法が広範囲に普及しているとは言い難く，依然として一斉授業形態が多いのが現状である。コンピュータを教師が使う「教具」ではなく，児童生徒が使う「文具」に変えていく必要がある。

5　教育格差

　第二次世界大戦後の日本はめざましい経済成長を遂げ，産業構造や人々の意識なども著しく変化した。1950年代以降，後期中等教育（高等学校）が急拡大し，1970年代半ばには高等学校進学率が9割を突破した。また1990年代以降，四年制大学への進学率も緩やかに上昇して2009（平成21）年に5割を超えた。

　しかし，生まれ落ちた社会階層によって人生が限定される，つまり親の階層が子に引き継がれるという階層再生に関する研究では，相対的な格差に多少の変化はあったものの基本的には相変わらず存在していることが示された。

（1）教育格差とは何か

　子ども本人に変更することができない初期条件である出身家庭の社会経済的地位（socio-economic status，以下「SES」とする）などの「生まれ（出自）」によって学力や最終学歴などの教育成果に差が出ることを「教育格差」と呼ぶ。SESは社会的，経済的，文化的な特徴を包含する複合的・多面的な概念であり，親の職業，世帯収入，両親の学歴や文化的性向などを統合した1つの指標を作成し分析に用いる。そして，SESは，資源，特権，権力へのアクセスの不均衡を明らかにする。

　家族のSESを分析する際には，世帯収入，稼ぎ手が有する教育程度，職業，家族の合計収入により評価する。個人のSESを分析する際には，収入，教育，職業など個人の属性を評価する。

（2）教育格差の諸要因

1）親の学歴と子の学歴

　1970年代はエリート層だけでなくみんなが高校に進学するようになったことで「大衆教育社会」が到来し，出身階層による教育格差は見えづらくなったとされる。だが，同世代のほとんどが高卒となったらそれが平均的学歴とな

り，相対的に有利な立場の層は大学に進学するであろう。国民全体の教育年数が伸びても，相対的な差は厳然として残るのである。

また大学数の増加が常態であり，入学難易度の低い大学卒業者の割合が増加すると「大卒」分類の意義が薄まり，親と子の学歴再生産傾向が縮小したかにみえるが，実際は，四年制大学卒業であっても入学難易度を示す偏差値別にすると，有名・名門大学卒における再生産傾向は時代によらず一貫している。

2）出身地域による格差

出身地域は，個人の出身家庭の階層に加えて本人の努力では対応できない初期条件で1990年代以降，出身地域による大学進学格差は拡大傾向にある。

男性の大卒（四年制大学・大学院）割合では，15歳時点で居住していた地域が三大都市圏（東京・千葉・神奈川・埼玉・愛知・京都・大阪・兵庫）であるか否かと，都市規模（大都市・市部・郡部）により格差が確認できる。都道府県が三大都市圏，また市区町村が大都市であった者の大卒割合が高く，出身地域による学歴格差は総じてどの年齢層にも存在している。

女性の大卒割合では，若年層にかけて高学歴化が進んでいる。三大都市圏と大都市における上昇幅が大きい。三大都市圏・大都市の高学歴化は男女差縮小の観点からみれば望ましいものの，地方の女性が取り残されているといえる。

この地方格差の背景は，大卒者を雇用する企業の地域間偏在などがあると考えられる。三大都市圏や大都市に居住する子どもたちは，他地域に比べてより多くの大卒者に囲まれており，近隣効果研究によると大卒ロール（役割）モデルとの交流・ネットワークの形成，さらに大卒を前提とする規範の内在化などが大学進学への期待につながる。

3）教育意識の格差

21世紀に入ると，個人の階層だけでなく地域による格差も顕在化してきた。学習指導要領などで標準化された義務教育制度や高い進学率の高校教育において，育つ地域によって教育サービス利用志向が異なる時代となっている。

階層が似た人は同じ地域に集まり，そして同質性が高い人たちが集まることで，その地域には規範性を伴う文化が醸成される。大都市における教育熱は，「大都市」だからではなく，「近隣の大卒者割合」により説明できる。近隣住民における大卒割合の高低が，教育意識の背景にあるためである。

教育意識の近隣間格差は，文部科学省が日本全国どこでも同じ教育を提供するため学習指導要領や財政支援により公立小中学校を標準化しても，どのような地域・近隣かによりその中身が変わってしまう。いかに校舎などの「箱」やカリキュラムを標準化したとしても，実際にどのような教育実践が行われるかという「中身」は地域の社会経済的事情と近隣文化によって変わってしまう。

4）貧困による格差

　どの時代にも存在するのは社会全体の教育格差だけではなく，「子どもの貧困」も同様である。両者とも戦前・戦後を通じて存在してきた現象であるが，高度経済成長の陰に隠れて見過ごされてきた。

　貧困による格差は学力・進学だけにとどまらない。例えば，中学2年生の部活動の参加率が貧困層において低い。部活動に参加するには，用具の準備，大会等への参加費用，部活動参加にかかる経費などが必要となるため，諸経費等の負担に耐えられないからである。

　2015年（平成27）に実施された経済的側面を示す15歳時点の所有物（家にあった物）の調査[*3]では，持ち家・乗用車・エアコン・カメラ・電子レンジ・学習机・ピアノなど19項目の有無を尋ねている。そのデータによると，若年層（2015年時点の20歳代・30歳代）男性の18％は，15歳時点で19品目のうち11しか所有しない相対的貧困層であり，大卒となったのは23％であった。残り82％の非貧困層は大卒となったのが47％なので，大きな差がでている。女性の若年層での貧困層は14％であり86％の若年非貧困層と比較すると，短期大学を含む大卒割合は男性以上に格差がある。

[*3] 2015（平成27）年実施のSMS。計量社会学者の研究会が実施してきたSMSは，1955（昭和30）年から10年ごとに行われてきた戦後日本社会の階層を把握できる調査である。2015年時点で日本全国の20歳から79歳までの住民を母集団とした無作為抽出による大規模調査。

●演習課題

課題1：外国のICT教育について調べ，日本のICT教育と比較してみよう。

課題2：教員として不登校の児童生徒へどのような働きかけが必要なのか考えてみよう。

課題3：今後期待される特別支援教育のあり方について話し合ってみよう。

●引用文献

1）文部科学省「令和4年度児童生徒の問題行動・不登校等生徒指導上の諸課題に関する調査結果の概要」2023.
2）高山千香取材・文「学校に行くのは週1　前向きな不登校を選択したある親子の挑戦」2017年12月20日（https://news.yahoo.co.jp/articles/58581781bd31a24300d6965ab1d556eea67f1a20?page=4）
3）文部科学省初等中等教育局児童生徒課「いじめの現状について」2021.
4）内閣府「令和3年度青少年インターネット利用環境実態調査」2021.
5）文部科学省初等中等教育局「いじめの状況及び文部科学省の取組について」2022.
6）上田征三・金政玉「障害者の権利条約とこれからのインクルーシブ教育」東京未来大学研究紀要vol.7，2014，pp.19-29.
7）国立特別支援教育総合研究所編『特別支援教育の基礎・基本2020』ジアース教育新社，2020.
8）文部科学省「通常の学級に在籍する特別な教育的支援を必要とする児童生徒に関

する調査結果について」2022.

9）国立教育政策研究所『OECD生徒の学習到達度調査2018年調査（PISA2018）の
　　ポイント』2019.
10）文部科学省「GIGAスクール構想の実現へ」2020.

●参考文献

苅谷剛彦・濱名陽子・木村涼子・酒井朗『教育の社会学［新版］』有斐閣，2010.
松岡亮二『教育格差―階層・地域・学歴』ちくま新書，2019.
佐藤環『学校の教育学』青簡舎，2020.

コラム　　江戸時代にもあった授業妨害や保健室登校

　江戸時代に各藩が設置した藩校は，就学強制，すなわち武士の子弟に対して文武の修業に精
進することを義務とした。しかし藩校の学事史料からは，教員に対する生徒の嫌がらせのほか，
いわゆる保健室登校や学業軽視など，現在の学校教育問題として取り上げられているような状
況が史実として記録されている。

　安政期（1855～1860）の水戸藩校弘道館では，教師に対する藩士子弟のいたずらが問題とな
った。弘道館構内に設置された寄宿舎に寝泊まりする生徒の中には，夜中に教員が構内を行き
来する橋の板を外し誤って教員が落ちるのを見て喜んでいたのである。それは当時，寄宿舎生
は身分の高い藩士子弟が多く，それより身分の低い寄宿舎長や教員に対して敬重の念をもたな
かったからである（鈴木暎一『水戸藩学問・教育史の研究』吉川弘文館，1987年）。このように一部
生徒が教員を軽んじる状況は弘道館に限ったことではなく藩校全般にみられる。

　藩校では年末に藩士子弟の出席状況を評価して賞罰が発表された。福山藩校誠之館の学事史
料である「誠之館一件帳」（広島県立文書館蔵）文久2（1862）年11月4日の記事には，藩校に登
校するけれど生徒詰所から授業に出てこない生徒や，授業に出ているけれども不真面目で授業
妨害する生徒に対して保護者が指導するよう藩校誠之館より要請がなされている。前者は現在
でいうところの「保健室登校」であろう。藩校誠之館当局とすれば，学業を軽視し学校の秩序
に従わない生徒へのいらだちがみて取れる。

　昨今，野球やサッカーなどの世界大会に出場する日本代表選手を「サムライ・ジャパン」，
「サムライ・ブルー」などと名付け，「サムライ」は責任感があり勇猛果敢にプレーをするとい
う清新なイメージを発信している。しかし，幕末期の藩校における藩士子弟の勉学実態からす
ると「サムライ」は美化され過ぎているといえる。

第12章 生涯教育から生涯学習へ

本章では，今日の生涯学習社会における学校教育の位置付けを理解することを目的とする。まず，生涯教育の理念にとともに生涯学習の概念およびあり方について確認する。また，生涯学習の中心である大人対象の教育の理論の概要ならびに学習課題について，一般の子ども対象の教育理論と区別したうえで方法論と教育・学習内容のニーズを明確化することによって理解を深める。そして，生涯学習社会に移行していく経緯から，地域における学校の開放の意義・役割について明らかにし，今後の学校と社会の望ましいあり方について考察していく。

1　生涯教育から生涯学習へ

（1）生涯教育論の登場

1）ラングランの「生涯教育論」

「生涯教育」という言葉からイメージされる教育とは，おそらく学校という時空に限定された教育制度やその実践ではなく，人生におけるより広い時間や場所において行われる教育を漠然と思い描く人が多いと思われる。そして，現代の社会では，何かしらの理想や理念に基づいて，その言葉が用いられて存在しているのだろうと考えることは，一般的なことといえる。

では，この「生涯教育」という言葉が世界的に用いられるようになったのはいつ頃からであるのかというと，1965年，当時のユネスコ（UNESCO）[*1]教育局の部長であったラングラン（Lengrand,P.：1910-2003）により，パリで開催されたユネスコ第3回成人教育推進国際委員会にレポートが提出されて以降のことといわれている。ラングランは，このレポートの中で「生涯教育」の具体的な理念ならびにそのあり方を提唱したのである。

*1　ユネスコ（国際連合教育科学文化機関）とは，諸国民の教育，科学，文化の協力と交流を通じて，国際平和と人類の福祉の促進を目的とした国際連合の専門機関のこと（文部科学省HP）。

　ラングランの提唱した「生涯教育」には，その大きなテーマとして「教育は，人間存在のあらゆる部門に行われるものであり，人格発展のあらゆる流れのあいだ―つまり人生―を通じておこなわれなくてはならない」[1]とされており，文字通り生涯にわたる教育機会提供の理念が含まれている。例えば，学校教育などはそれを卒業して就業してしまうと職業労働のみが生活の中心となり教育を受ける機会から遠ざかってしまうが，そうではなく，その後の人生の生活時間において学習時間が保障されるべきであるとする理念の提唱である。したがって，この理念は時間的な教育機会の統合が目指されたものといえる。

　一方で，こうした時間的な統合の理念が実現されるためには，教育の機会は学校だけではなく，個々人の生活世界における多様な場で保障されていくことが不可欠である。例えば，家庭での生活，職場関連での生活，そして地域社会での生活など多方面の場で必要となる学習内容に応じた学習の場の機会を保障することが，肝要となる。つまり，この生涯教育の理念には，時間的な教育機会の統合のみならず，空間的な教育機会の統合といった，2つの教育機会を統合させるという理念が提唱されている。

　ラングランのいう生涯教育は，教育の指導者に重きが置かれるものではなく，個々の学習者の需要に合わせた教育の重要性が強調されている。また，その方法について，単なる知識の習得ではなく学習者の自己学習力を向上させる必要性が指摘されている。そして，人生の一時期での教育に過ぎないであろう学校教育や職業上必要とされる学習ではなく，個々人が人としての幸福を追求するための学習とそのための教育のあり方が重要であるととらえられている。そのために，時間的・空間的に統合された教育機会の保障が必要であるとされた。

2）「生涯教育論」登場の背景

　こうした生涯教育の提案がなされるに至った背景としては，教育を学校や一部の施設，専門家に依存するのではなく，それまでよりも多くの個々人が，主体的に自分の生涯を通じた営みとしてとらえ直していこうとする自主的な考え方への変化が高まったためである。

　1960年代以降，日本だけではなく，他の先進諸国における社会環境は大きく変化した。人々の生活様式の変化は，職業生活のみならず家庭などの日常生活にも浸透し，学校教育を修了しただけではその後の社会変化に適応することが困難になっていった。それに対処するためには，絶えず自己学習を継続することによって，社会に適応していく力を発揮していくことが必要になった。また，衣食住といった生活環境の改善，家電の普及による家事労働の軽減と余暇の増加，医療体制の進歩による平均寿命の延長，休日制度の充実化などによ

り，個々人の自由時間の増加がみられるようになった。これらにより，一般の人々においても生きがいや自己実現への欲求を満たそうとすることが可能となったため，生涯教育の理念である自主的，主体的な学習活動のあり方やその需要が高められる気運が生じ，生涯教育の理念は，国際社会における各国に影響を与えたのみならず，自治体や企業，そして個々人に至るまで受け入れられるようになったといえよう。

（2）リカレント教育

　生涯教育論の影響により，様々な方面から関連する理念の提唱が続くようになった。OECDの報告書（1973年）におけるリカレント教育の提唱も，そうした潮流に位置付けられるものといってよいだろう。

　同報告書でリカレント教育は，「個人の全生涯にわたって教育を回帰的（recurrent）に，つまり，教育を，仕事を主として余暇や引退などといった諸活動と交互にクロスさせながら，分散すること」[2]と定義された。具体的にいえばリカレント教育とは，人々がその生涯において，教育の時期とそれ以外の時期（職業労働を含む）との相互サイクルを繰り返していけるように教育制度等を組織していくことである。例えば，「教育時期⇒職業労働時期⇒教育時期⇒職業労働時期」といったサイクルを，一生涯において繰り返していくことのできる教育と社会のあり方が提唱されたわけである。

　このようなOECDの提唱するリカレント教育の実現が目指されるような社会とは，すでにその国民に対する公教育の充実が達成された社会であることが前提となるであろう。OECDは，加盟国がほぼ先進諸国であるため，ユネスコの生涯教育の理念を，より明確なかたちで具現化しようとする側面が強調されたと考えることができる。

　よって，このリカレント教育の大きな枠組みは，ラングランによる生涯教育の理念である，各人が自己実現を図るための自主的・主体的な学習に位置付けられるものであり，その創造的な活動をサポートする一環であるという前提が存在していることをふまえるべきであろう。

　今日の日本社会では，「リスキリング」[*2]という言葉が用いられ，世界的に絶えず進化する技術革新の流れに適応をすべく，個々人の労働生産性が高められるようなスキル向上の学習のあり方が提唱されている。しかし，一方で社会全体では，そのような学習が可能な状況にある個人と，そのような学習活動自体が日常生活の中で困難な状況に置かれた個人とに分断さてしまう現実がある。よって，そのような格差拡大が進みかねない状況の解消を目指しつつ，社会福祉的なサポートのあり方も問われてくると考えられる。

*2　リスキリング
　新しい職業に就くために，あるいは，今の職業で必要とされるスキルの大幅な変化に適応するために，必要なスキルを獲得する／させること（経済産業省HP）

（3）生涯教育から生涯学習への変化

　日本で生涯教育という言葉が行政上の文書に初めて登場したのは，1971（昭和46）年の「急激な社会構造の変化に対処する社会教育のあり方について」（社会教育審議会答申）である。日本の社会も1960年代以降の高度経済成長期を経て，様々な変化に対応することや，国民一人ひとりの自己学習への取り組みや自己実現に向けた教育の制度的な転換が必要となってきたわけである。そして，ここではそれまでの家庭教育，学校教育，社会教育という3つの教育領域が有機的に連携された全体を生涯教育として提案されたと考えられる。つまり，各教育領域を生涯教育の名の下に連携・統合し，再構築していくことが求められたのである。

　ところで，OECDのリカレント教育の理念とされているのは生涯「学習」であって生涯「教育」ではないといわれる。「教育」とは，ある時代や社会において伝達されることが望ましいと考えられる一定の知識や技能（教育価値）を意図的・系統的に組織化して学習させようとする営みを前提としている。よって，そこでは学習者側とその学習活動を指導する側とに区分された集団が存在することを想定している。すると，学習者側はある意味で受け身であり，指導する側の主体性が浮かび上がってくるといえる。

<aside>
＊3　学習
　個人的経験の結果として起こる比較的永続性のある行動の変容。生物体が知覚によって自分の行動を変える場合も学習と呼ぶ。ただし成熟，疲労，その他，器質的，機能的変化による変容は除かれる（ブリタニカ国際大百科事典　小項目事典）。
</aside>

　一方，広義的な意味での「学習」＊3は，ある生命体が活動・経験の前後で一定の変化が認められた場合に，何らかの学習が必然的に生じるといわれる。「学習」は，特定の知識や技能が系統的に学ばれたのか否かを問わず，生活のあらゆる場面で生涯にわたって行われるものといえる。つまり，「学習」は様々に異なる個々人の生活環境やその様式，個別的な人生のライフサイクルにおける活動の中から，主体的，自由意思に基づいて行われる活動を示す適切なワードといえるだろう。したがって，生涯「教育」ではなく生涯「学習」において，より個々人の自発的意思と自己コントロールに基づく学習活動を意味することが可能となるため，OECDのリカレント教育の理念に即しているのである。

　日本で生涯学習という言葉が行政上初めて用いられたのは，1981（昭和56）年「生涯教育について」（中央教育審議会答申）であるといわれる。この答申では以下のように述べられている。

> 　人々は，自己の充実・啓発や生活の向上のため，適切かつ豊かな学習の機会を求めている。これらの学習は，各人が自発的意思に基づいて行うことを基本とするものであり，必要に応じ，自己に適した手段・方法はこれを自ら選んで，生涯を通じて行うものである。その意味では，これを生涯学習と呼ぶのがふさわしい。

　ここでは，個々人の生涯を通じた学習が，個々人の自らの意思によるコントロールの下で行われるものであり，自己指導性が強い性質をもつがゆえに生涯「学習」と位置付けている。また本答申では，家庭教育，学校教育，社会教育，企業内教育，そして民間の教育・文化事業に至るまで，社会のあらゆる教育機能を生涯学習推進の視点から捉えている。つまり，個々人が学習者であるのみならず，自己の生活環境で生じた学習内容・過程を自主的に選択・運営する主体となるような社会環境の形成が目指されたと考えられる。

2　子ども対象の教育と大人対象の教育

（1）ペダゴジーとアンドラゴジー

　生涯学習の理念には，個々人の自発的意思と自己コントロールに基づく学習活動が想定されており，「学習者—指導者」という区分化した関係から「学習者＝自己指導者」という主体的・創造的なモデルへの脱却が目指されていたといえる。つまり，将来的な自立を目的とする子どもが教師などの指導者の下で学ぶという学習モデルではなく，すでに何らかの社会的役割を有する成人が，さらなる自己研鑽や自己の目標に即して学ぶことが想定されていたのである。

　従来，子どもを対象とした教育体系を前提とする教育学を意味する言葉として，ペダゴジー（pedagogy）というギリシア語を語源とする用語が用いられ，そこにはすでに「子ども」を内包する意味が含まれている。しかし，生涯教育・学習の理念の拡大とともにそうしたペダゴジーとは区別された用語が必要とされるようになり，大人（＝andros）の教育学を意味するアンドラゴジー（andragogy）という言葉が一般的に用いられるようになった。

　アンドラゴジーという言葉自体は，19世紀後半のドイツにおいてつくられたといわれているが，それが用いられることにより，具体的に①子どもではなく大人が学ぶ意味，②子どもではなく大人を指導する場合の方法，③子どもと大人との学習環境の異なり，といった問題に関する議論が促進されたといわれる[3]。つまり，アンドラゴジーとは，主体的な成人の学習を支援するための諸理論や実践を確立するための教育学を意味している。

（2）ノールズのアンドラゴジー論

　さて，生涯学習の理念が一般化した後の1970年代に，アメリカのノールズ（Knowles,M.：1913-1997）により新たなアンドラゴジー論が展開された。ノー

ルズによれば，ペダゴジーとは端的に言うと「子どもを教える技術とその科学」であり，それに対してアンドラゴジーは「大人の学習を援助する技術とその科学」であるとされる。ノールズのアンドラゴジー論の大きな特徴は，依存から自律に至る人の発達における学習のあり方である自己決定性[*4]（self-directedness）に着目した方法論である。

　ノールズは，ペダゴジーとアンドラゴジーとで，①学習者の概念，②学習者の経験の役割，③学習へのレディネス，④学習への方向付け，⑤学習の動機，それぞれに対する両者間における相違を明確にした（表12-1）。

　上記それぞれ①〜⑤について，次のように示している。

① 　ペダゴジーにおいては，教師などの他者に依存的であるが，アンドラゴジーにおいては自己決定的な学習者の概念が想定されている。

② 　ペダゴジーにおいては，学習資源として学習者の経験に重きが置かれないが，アンドラゴジーにおいては蓄積されてきた学習者の経験が学習資源として活用されることが期待されている。

③ 　ペダゴジーでは教育課程などの画一的なカリキュラムに従ってルール化されているが，アンドラゴジーにおいては，学習者の生活課題・問題関心から構成される。

④ 　ペダゴジーでは教科に分かれた学習が中心となり，それらの累積により将来的な効果が期待されるが，ペダゴジーでは現時点の生活における課題や問題に対処するための学習が中心とされる。

⑤ 　ペダゴジーでは外発的な賞罰の介入が多いのだが，アンドラゴジーでは内発的な好奇心や奨励に基づく要素が強くなることが想定されている。

　以上のようにアンドラゴジーは，ペダゴジーと比較した場合に，成人の学習活動のあり方としての自己決定性，自己管理性が浮き彫りになってくる。アンドラゴジーは，学習者自身が自ら目標を立てて計画し，実施した上で自己評価

表12-1　ペダゴジーとアンドラゴジーとの比較

	ペダゴジー	アンドラゴジー
①学習者の概念	依存的	自己決定的
②学習者の経験の役割	学習資源としては制約的	蓄積された学習資源として重きが置かれる
③学習へのレディネス	画一的なカリキュラムとしてルール的	生活課題・問題点から展開される
④学習への方向付け	教科中心的	生活課題・問題に対処的
⑤学習の動機	外発的な賞罰	内発的な好奇心・奨励

を行うという成人の学習を組織的・計画的に支援・促進するための理論および
技術を体系付けようとするものである。

（3）成人教育の課題

　ノールズのアンドラゴジー論は，成人の教育における課題や目標に即した教
育学体系の改良である。では，子ども期と異なり，成人期において特徴的とな
る成人教育の課題とはどのようなものだろうか。

　成人期における教育課題として，子ども期のそれと最も異なるのは，個々人
によってその具体的な学習目的や意義，学習方法，学習時期などに大きな差異
を確認できることが大きな特徴といえる。一般的に成人期とは，20歳代前後
の青年期から高齢期に至るまでの幅広い一生涯の期間を指すものであるが，そ
れまでの時期と異なるのは，個人が自立した生活者であり，各人において何ら
かの社会的な役割を担うことが期待される点であろう。

　よって，成人期の教育・学習課題に関する事項を成人期，さらにその高齢期
に分けたうえで，多種多様な学習ニーズについて一定の整理を行ってみよう。

1）成人期の教育・学習ニーズ

　日本の法律では，2022（令和4）年4月1日から20歳から18歳に成人年齢が
引き下げられた。しかし，4年生の大学を卒業するのは一般的に22歳以降で
ある。

　成人期は，自分の家庭を築くために配偶者等を探すことや，すでに婚姻等に
より子育てを含め家庭生活を始めているケース，そして離婚などにより母（父）
子世帯であるなど多様な家族形態における生活が存在する。また，高齢化した
自分や配偶者の親の介護やそのための医療・福祉行政に関する各種手続きなど
が重なり，職業を継続すること自体も困難となるケースが発生している。この
ような視点に立てば，成人期とは変化が多く，様々な模索を継続させられる時
期であることがわかる。

　日常・家庭生活上の課題，趣味や教養に関すること，健康維持・向上に関す
ること，社会生活に関すること，そして職業に関することなど，個々人のライ
フサイクルの多様化により，学習テーマやその学習のタイミングに関しても多
様化が進行している。よって各自治体では，こうした事態に対応できるように
地域に向けて学校を開放することや，図書館，公民館（生涯学習センターを含
む），福祉センターなどにおいて各種講座やレクリエーションを実施してきた。

　一方，成人についての教育的事業が企画・運営されるためには，多様性に富
み変化しやすい学習の需要を把握することが前提となるため，各種の社会教育
調査*5が継続的に行われていくことが重要である。個々人が自己の判断に基

＊5　社会教育調査

　統計法に基づく基幹
統計調査（基幹統計で
ある社会教育統計を作
成するための調査）と
して，社会教育行政に
必要な社会教育に関す
る基本的事項を明らか
にすることを目的とす
る（文部科学省HP）。

づいて多様な生き方を選択し，自立した豊かな人生を送れるような環境を形成していくためには様々なサポートが不可欠である。

２）高齢期における生活環境ならびにニーズの変化

日本は他の先進諸国と比較して高齢化率が高く，特に1990年代以降，急激な高齢化が進んだ。人口に占める高齢者割合が高ければ，様々な社会のシステムや機能が高齢者を無視することはできないため，社会は高齢者向けとならざるを得ない。

高齢期に近づくにつれて達成欲求が減退する傾向がある一方，親和欲求が高まるといわれている。例えば何か物事に挑戦して成功を獲得したいという欲求が低下するが，一方で，自分の人間関係が豊かで充実したものであってほしいという欲求は高まるということである。

そうした欲求の変化の傾向に対しては，生活環境の変化に影響される大きな結果としてとらえていくことが重要である。元気で活動的な人間は，衣食住を含めてより多くを消費する傾向が高いことは否めない。しかし，高齢期を迎えた人間は，それ以前の自分と比較した場合，一般的には活動力が減退し，消費量の低下のみならず社会的関係も減少していく。

例えば，加齢により親は他界，子どもは自立し遠方に居住，自分の配偶者の介護や付き添い，自己の体調不良や病気罹患，疎遠になる友人の増加，といったように，人間関係が徐々に乏しくなっていく。退職し，旅行やショッピング，SNSでのコミュニケーションなどを含む社会活動への参加意欲も減退していくことが一般的傾向である。

それまで築いてきた人間関係の減少といった変化に対しては，生活上，最低限それを補わなければならないケースが出てくる。その役割を担っているのが，介護を含む福祉制度による各種支援や，医療保険制度におけるサポートの利用である。失われた人間関係を補完・代替していく機会が，医療・福祉制度を通じた外部の専門家を中心とする人員に任せられていく。ただ，あくまでも職能人員の業務の一環としてのサービスを介した関係の形成であり，一般的な人間関係として代替されるわけではない。

高齢期における教育的事業が企画・運営されるためには，高齢者個々人の親和性が高められやすい学習環境の下で，各種講座やレクリエーション活動が実施されることが重要といえる。一方，高齢者自身おいても，人間関係環境の変化を事前に見据え，その改変がスムースに進められ，移行できるよう準備活動を積極的に行っていく姿勢が必要となってくる。

3　生涯学習社会における学校

（1）生涯学習時代の学校の役割

　「人生100年時代」*6といわれる社会を迎え，学校は特定の年齢集団ならびに場に限定された教育・施設機能を発揮するのではなく，生涯学習の体系の中に位置付けられることによって，その役割はむしろ強化・拡大されていく可能性がある。学校教育，家庭教育，社会教育等が連携・融合し合う生涯学習体系の中で，学校は社会に開かれることが期待されている。日本社会で，そうした取り組みが今日に至るまで方向付けられてきた足跡を振り返ってみよう。

　まず，日本の社会を生涯学習体系に位置付けるうえで大きな役割を果たしたのは，1984（昭和59）年から1987（昭和62）年にかけての臨時教育審議会である。「生涯学習体系への移行」（第一次答申）では，特定の時間と場で形成された学校中心の学歴主義社会を是正して，学んだことを評価できるような生涯学習社会へと転換してくことが求められた。

　第三次答申（1987（昭和62）年）では，生涯学習社会にふさわしいまちづくりの一環として「人材の有効活用を図る観点から，学校の教員が地域の活動に積極的に参加することや，小・中・高等学校や大学，大学院などに地域や地元企業等から講師を迎えることなどを推進する」としている。つまり，地域社会における人材育成・交流の促進が図られたといえる。また「学校や公民館等を企業の研修等の場として活用したり，企業の文化・スポーツ施設等を地域に開放するなど相互利用を促進する」ことも提言されている。このように学校は，地域のみならず，民間企業等と一定の連携を図っていくことが目指された。

　そして，中央教育審議会答申「生涯学習の基盤整備について」（1989（平成元）年）では，生涯学習を振興する観点から「最も組織的・体系的に学習の機会を提供しているものは学校」であるとしている。幼稚園，小学校，中学校の段階では，「人々の生涯学習の基礎を培う」や「自ら学ぶ意欲と態度を養う」という観点から重要な役割を有するとされた。また，地域の人々に対して様々な学習機会を提供する視点から，「大学・短期大学，高等専門学校，高等学校や専修学校」の役割が期待されている。さらに，翌年の答申「新しい時代に対応する教育の諸制度の改革について」（1990年）では，学校そのものが地域における生涯学習機関としての機能を果たすことが提言されている。

＊6　人生100年時代

　世界で長寿化が急激に進み，先進国では2007年生まれの2人に1人が100歳を超える社会が到来するため新たな人生戦略の必要性を英国のグラットン（Gratton,L.：1955-）らが提唱したもの。

（2）学校の開放

　「学校開放」とは地域社会に開かれた学校の観点から，学校の施設や教育・研究機能を地域社会の教育・学習のために活用すること，また一方では，地域社会の教育・学習資源を学校教育に活用することを示す概念とされている。前述の答申内容のように，生涯学習社会ではこうした学校開放のあり方が重視されるようになった。

　学校開放におけるあり方の方向性は，①施設開放，②機能開放，③制度の開放，という3つの側面に整理できる[4]。①については，学校の施設を学校本来の教育活動に支障がない範囲内において地域社会の学習の場として開放することであり，法的規定も存在している（学校教育法第137条，社会教育法第44条）。②については，①とともに学校の教職員などが地域社会に向けてその研究成果の報告や実践演習などを公開するものである（社会教育法第48条）。例えば，各種文化講座，専門講座，夏季講座などがあるが，大学が実施するものであれば大学公開講座，小・中・高等学校で実施されるものであれば開放講座と呼ばれる。③については，主に大学が社会人を正規学生として受け入れられるよう整備することとされる。例えば，職業をもつ社会人が科目を履修しやすいように科目登録制度を改良することや同じ授業科目を昼夜2回にわたって開講する昼夜開講制度，大学以外での学習成果を単位認定する制度，社会人編入学制度の改善，などがある。

　こうした学校開放を「開かれた学校づくり」として方向付けたのが，中央教育審議会答申「21世紀を展望した我が国の教育の在り方について」（1996（平成8）年）といわれる。この中で「家庭や地域社会とともに子供たちを育成する開かれた学校となる」ことが提言され，学校ボランティア，学校施設の開放，図書館の地域住民による利用などが広く行われるようになっていった。

　その後，学校評議員制度[*7]の導入やコミュニティ・スクール[*8]などが発足し，中央教育審議会答申「幼稚園，小学校，中学校，高等学校及び特別支援学校の学習指導要領等の改善及び必要な方策等について」（2016（平成28）年）が出された。そこでは，日本社会が未来を切り拓いていくために，社会とのつながりの中で学校教育を展開することの重要性が提言されており，それは小・中・高等学校・特別支援学校学習指導要領の改訂内容に直接つながるものとなった。つまり，社会に「開かれた学校」は，社会に「開かれた教育課程」へと移行し，その関係性が教育内容にまで深く浸透されるようになっていくのである。このことは，学校の教育課程を通じて，よりよい社会を創るという目標を地域社会と共有していくことが前提とされるようになったことを示している。

＊7　学校評議員制度

　学校が，保護者や地域住民等の信頼に応え，家庭や地域と連携協力して一体となって子どもたちの健やかな成長を図っていく観点から，より一層地域に開かれた学校づくりを推進していくために，地域住民の学校運営への参画の仕組みを新たに制度的に位置付けるもの（文部科学省HP）。

＊8　コミュニティ・スクール（学校運営協議会を設置した学校）

　学校と地域住民・保護者が目標やビジョンを共有し，協力して学校運営に取り組む「地域とともにある学校づくり」を推進する制度（文部科学省HP）。

●演習課題

課題1：自分の居住する自治体（市区町村）で運営されている生涯学習の取り組みやプログラムの事例について調べてみよう。

課題2：成人教育・学習と子どもの教育・学習のあり方の相違について自分なりに複数の視点から具体例を考えてみよう。

課題3：生涯学習社会における理想的な学校のあり方（役割・機能・目的）について考え，話し合ってみよう。

●引用文献

1）波多野寛治訳「生涯教育について」（日本ユネスコ国内委員会『社会教育の新しい動向—ユネスコの国際会議を中心として—』），1967，p.78.
2）OECD（岩城秀夫訳）「リカレント教育」（新井郁男編『現代のエスプリNo.146 ラーニング・ソサエティー』）至文堂，1979，p.135.
3）坂口緑「第2章　生涯学習の理念と理論」（田中雅文・他著『テキスト生涯学習：学びがつむぐ新しい社会』）学文社，2008，pp.18-19.
4）佐藤晴雄『生涯学習概論』学陽書房，2007，pp.73-74.

●参考文献

石原直子「リスキリングとは—DX時代の人材戦略と世界の潮流—」（経済産業省第2回　デジタル時代の人材政策に関する検討会資料）2021.（https://www.meti.go.jp/shingikai/mono_info_service/digital_jinzai/pdf/002_02_02.pdf）

ポール・ラングラン（波多野寛治訳）『生涯教育入門第1部』日本社会教育連合会，1984.

マルカム＝ノールズ（堀薫夫・三輪健二監訳）『成人教育の現代的実践：ペダゴジーからアンドラゴジーへ』鳳書房，2002.

文部科学省HP「ユネスコとは」（https://www.mext.go.jp/unesco/003/001.htm）

文部科学省HP「社会教育調査—調査の概要」（https://www.mext.go.jp/b_menu/toukei/chousa02/shakai/gaiyou/chousa/1268405.htm）

文部科学省HP「学校評議員制度について」（https://www.mext.go.jp/b_menu/shingi/chukyo/chukyo3/gijiroku/03120501/003/001.htm）

山﨑保寿「地域の教育環境を生かした『社会に開かれた教育課程』の実現とその可能性：新学習指導要領の理念を踏まえて」松本大学地域総合研究センター『地域総合研究19（Part1）』2018，pp.7-19.

> **コラム**　　　地域における高等学校応援団の活動
>
> 　旧制中等学校を前身とする高等学校の中には，現在でも校風に即した活動を行っている応援団（応援指導委員会／応援部など）が組織されている学校が少なくない。地域の伝統校は，その地域を代表する「顔」でもあるため，応援団の年間活動のスケジュールが学校内の運動部の応援活動のみならず，当該地域行事に関与する活動役割で埋め尽くされるような事態も生じている。例えば，埼玉県下の2つの地域におけるそれぞれの伝統校の応援団では，当該地域の行事（祭り／スポーツイベント／地域の事業所・福祉施設など）に際して演舞を披露する活動が毎年計7回もある。応援団独自の身体動作や発声からなる演舞は，観衆を圧倒し，元気を与えることができるため，近年では，学校所在地から離れた地域の関係者からも出演依頼が舞い込むようになってきたという。
>
> 　本来，学校生徒から組織される応援団には，自校の選手を応援し，かつ，一般の生徒たちが一丸となって応援することを促進させることにより，生徒たちに当該学校生徒としての集団的なアイデンティティを向上させるという教育的な効果を有している。しかし一方で，校外の地域社会の行事やイベントに出演して演舞を披露する活動は，地域住民の共同意識やアイデンティティの形成過程にも関与している可能性が高いといえる。毎年多くの住民の前で演技を披露する伝統校の応援団は，地域の象徴的な存在（シンボル）としての文化的な役割を担っているといえないだろうか。
>
> 　だとすれば，このような高等学校の応援団は，学校機能の開放により地域の社会的な資本を形成する可能性を秘めた生徒集団として位置付けることが可能であろう。

コラム　社会教育・生涯学習を推進する社会教育・生涯学習委員会の活動

　平成から令和にかけての中央教育審議会答申や中央教育審議会生涯学習分科会では，人口減少時代において持続可能な社会づくりのために住民自らが地域運営に主体的に関わることと，誰もが生涯にわたり必要な学習を行いその成果を生かすことのできる生涯学習社会の実現へ向けた取り組みの必要性が説かれ，学びのコーディネーターの育成・活用，学びと活動の循環・拡大，個人の成長と社会の発展につながるリカレント教育推進などが示された。他方，地方自治体はそれぞれの地域的特色を生かした社会教育・生涯学習を模索している。

　茨城県水戸市の社会教育委員会（2023（令和5）年現在の委員数は20名）は，水戸市教育委員会教育長に社会教育・生涯学習に関する提言書を定期的に提出している。21世紀以降における提言書のテーマは，次の4つに分類できる。

【理念をテーマとした提言書】
・「成人の学習活動の推進方策について―地域における社会的課題に関する学習の推進方策」（2001（平成13）～2002（平成14）年度）
・「生涯学習による地域づくり―青少年の健全育成について―」（2005（平成17）～2006（平成18）年度）
・「地域の教育力を支える学社融合のあり方～社会教育の立場から」（2010（平成22）年度）
・「今後の子ども会のあり方について」（2017（平成29）～2018（平成30）年度）
・「家庭教育支援のあり方について」（2019（令和元）～2020（令和2）年度）
・「誰一人として取り残さない社会の実現に向けた社会教育の役割について～デジタル社会における社会教育の充実～」（2021～2022年度）

【水戸市社会教育・生涯学習に関する計画策定・検証の提言書】
・「平成13年度から平成21年度提言の検証について」（2011（平成23）年度）
・「生涯学習推進基本計画（第4次）について」（2013（平成25）～2014（平成26）年度）

【水戸市の社会教育施設に関する提言書】
・「公民館運営の民間委託の可能性について」（2003（平成15）年度）
・「住民参画型の公民館運営について」（2004（平成16）年度）
・「水戸市市民センターにおける社会教育振興策について」（2009（平成21）年度）
・「水戸市少年自然の家の再整備について」（2012（平成24）年度）

【社会教育推進の団体・人材に関する提言書】
・「地域の社会教育団体等の活性化について（青少年団体）」（2007（平成19）年度）
・「地域の社会教育団体等の活性化について（成人団体）」（2008（平成20）年度）

　社会教育委員会での提言は理念的な「あり方」が多いけれども，自治体が管轄運用する社会教育施設や社会教育推進の団体・人材育成といった社会教育・生涯学習のハード面とソフト面の提言は注目すべきであろう。

　ただ，水戸市社会教育委員会の提言は，必ずしも行政に反映されるわけではない。水戸市議会により予算が認められて行政ベースに乗るので，政治家である水戸市会議員の理解や行動力がないと画餅に帰してしまう。社会教育・生涯学習に対しては，地域住民の参加は勿論，議会の財政確保・支援の承認といった政治的理解，そして行政の積極的な関与といった三位一体的推進が必要なのである。

索　引

✏ 編著者　　　　　　　　　　　　　　　　　　　　　　　　　〔執筆分担〕

佐藤　環（さとう　たまき）　茨城大学教育学部　教授　　　　　第9章，第11章

菱田　隆昭（ひしだ　たかあき）　和洋女子大学全学教育センター　教授　　第1章，第2章

✏ 著者（五十音順）

大多和雅絵（おおたわ　まさえ）　川口短期大学　専任講師　　　　　第6章，第7章

小川　哲哉（おがわ　てつや）　茨城大学全学教職センター　特任教授　第8章，第11章

金塚　基（かなつか　もとい）　東京未来大学モチベーション行動科学部　准教授　第12章

栗栖　淳（くりす　じゅん）　国士舘大学文学部　教授　　　　　第4章，第5章

新田　司（にった　つかさ）　敬愛短期大学　教授　　　　　　　第3章

山﨑　真之（やまざき　まさゆき）　東京国際大学人間社会学部　准教授　第10章

教職ライブラリ **教育原理**

2024年（令和6年）4月1日　初版発行

編著者	佐　藤　　　環
	菱　田　隆　昭
発行者	筑　紫　和　男
発行所	株式会社 **建帛社** KENPAKUSHA

〒112-0011 東京都文京区千石4丁目2番15号
ＴＥＬ　（03）3944－2611
ＦＡＸ　（03）3946－4377
https://www.kenpakusha.co.jp/

ISBN 978-4-7679-2136-5　C3037
©佐藤環・菱田隆昭ほか，2024.
（定価はカバーに表示してあります）

信毎書籍印刷／常川製本
Printed in Japan